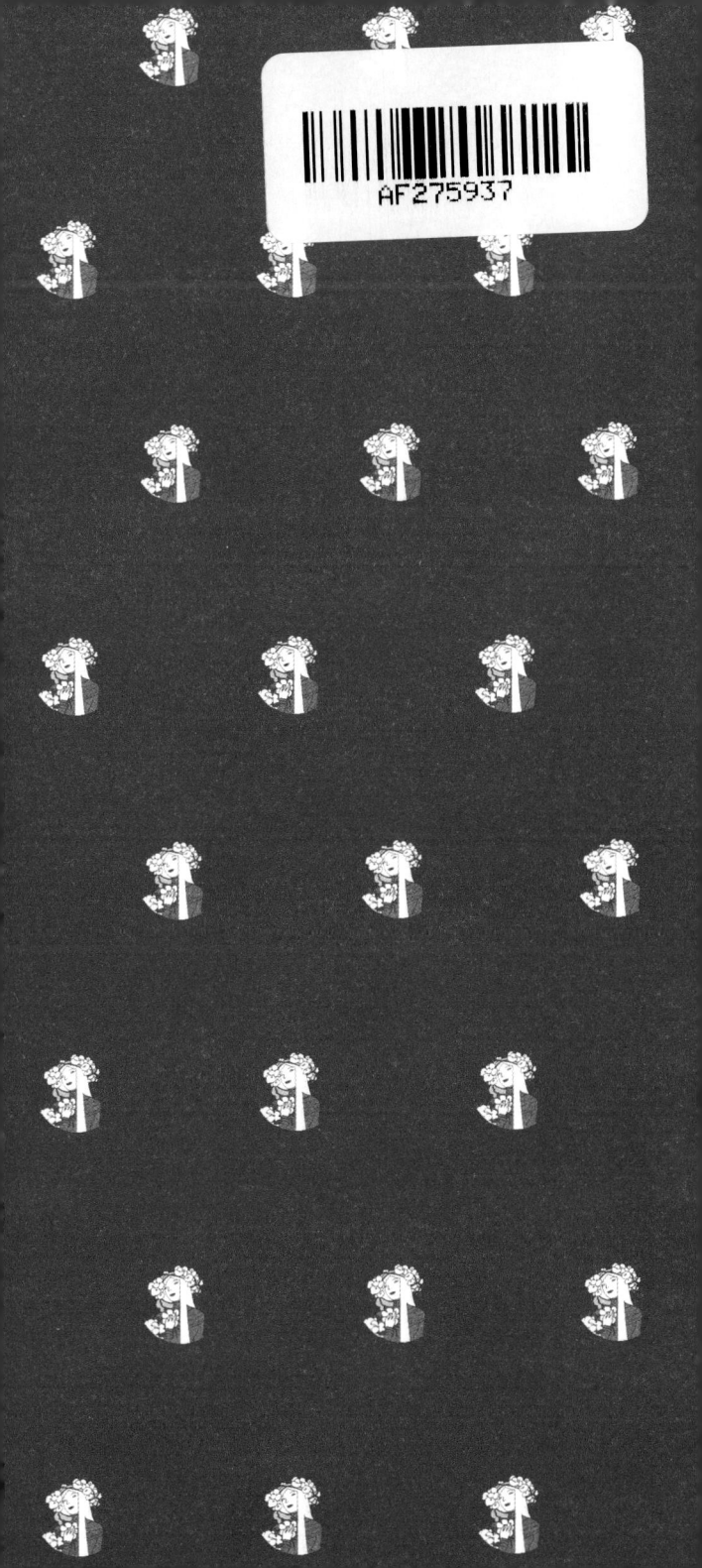

Flamenco y Cante Jondo

Primera edición en REINO DE CORDELIA, enero de 2026
Basada en la publicada en 1963 por la Librería Anticuaria El Guadalhorce

Edita: Reino de Cordelia
www.reinodecordelia.es
✕ ⊡ @reinodecordelia.es ▯ facebook.com/reinodecordelia
▶ https://www.youtube.com/c/ReinodeCordelia01

Derechos exclusivos de esta edición en lengua española
© Reino de Cordelia, S.L.
C/Agustín de Betancourt, 25 - 6º pta, 13
28003 Madrid

© Herederos de Edgar Neville, 1922, 1958, 1965

Edición de © José María Goicoechea, 2026
Ilustración de cubierta: Joaquín Sorolla

IBIC: AVGX | Thema: AVLP
ISBN: 979-13-87599-32-4
Depósito legal: M-26678-2025

Diseño y maquetación: Jesús Egido
Corrección de pruebas: Pepa Rebollo

Impresión: Técnica Digital Press
Impreso en la Unión Europea
Printed in E. U.
Encuadernacón: Felipe Méndez

Flamenco y Cante Jondo

Edgar Neville

Edición de José María Goicoechea

Índice

El joven Neville en 1917.

Prólogo

VIDA DE UN DANDI

UNOS DÍAS ANTES de su muerte, que ocurrió el 23 de abril de 1967, Edgar Neville mandó un artículo al diario *ABC*, donde solía colaborar, titulado «Apunte para mi necrológica»:

> «Han sido tantas las personas que han telefoneado para preguntarme si era verdad que me había matado —escribía—, que a las últimas contestaba con un tono de duda, y no me atrevía a defraudarlas, o a hacer afirmaciones demasiado netas, y las decía: «Pues parece que no ha sido más que un rumor, pero las últimas noticias son que estoy vivo».

Fue un joven guapo y delgado que se convirtió en un adulto gordo, a causa de un problema de tiroides: en algún texto bromea a propósito de ese otro hombre de cuarenta kilos con el que tenía que cargar siempre. Su padre, inglés e ingeniero, llegó a España como muchos otros técnicos europeos que vinieron a poner en marcha incipientes industrias nacionales; murió cuando él tenía dos años. De su madre, María Romrée y Palacio, heredó el título de conde de Berlanga de Duero[1].

Nació en Madrid, el 28 de diciembre de 1899, estudió en los Agustinos de El Escorial y en el colegio del Pilar, de Madrid. Viajó por Suiza y Francia. De adolescente, iba por los cafés y los locales de moda. En alguno de ellos hizo sus pinitos como dramaturgo. Jugaba al hockey sobre hielo y llegó a competir en el extranjero. Tenía todos los elementos de un dandi y sacó partido de ello.

Frecuentaba, con Antonio de Lara, *Tono*, espectáculos, reuniones en los hoteles Palace y Ritz y también la famosa tertulia del Pombo, comandada por Ramón Gómez de la Serna, y la de La Granja del Henar. Tras estudiar De-

---

[1] Sobre la vida de Neville: María Luisa Burguera: *Edgar Neville. Entre el humor y la nostalgia*. Institució Alfons el Magnànim, Valencia, 1999; Fernando Castillo: Prólogo a *Edgar Neville: Historia madrileña del medio siglo*. Ediciones Ulises-Renacimiento, Madrid, 2020 y Fernando Rodríguez Lafuente: Prólogo a *Edgar Neville: Mi España particular*. Reino de Cordelia, Madrid, 2011.

recho e ingresar en la escuela diplomática, Neville se alistó voluntario para combatir en la guerra de Marruecos, después de una pelea de enamorados.

«Hasta el momento de ir a la guerra he de confesar, lleno de rubor, que había sido un joven reaccionario, valga la paradoja. Los grandes días de aburrimiento de la campaña cuando se está apostado de servicio de vigilancia en una cuneta ocho horas, me hicieron reflexionar, y varié absolutamente todas mis ideas políticas». («Pequeña autobiografía», en *Don Clorato de Potasa*, 1929).

En 1925, se casa con Ángeles Rubio Argüelles y Alessandri, joven de la alta sociedad malagueña, escritora y mecenas teatral, con quien tendrá dos hijos. Había comenzado a colaborar en la prensa, en publicaciones de humor (*Gutiérrez, Buen Humor, Nuevo Mundo*) y también en *La Gaceta Literaria* de Ernesto Giménez Caballero[2]. Su primer libro de relatos, *Eva y Adán*, se edita en 1926 y es destinado a la embajada española en Washington.

En sus primeras vacaciones fue a Hollywood, a ver qué pasaba con eso del cine. Y en California estaba cuando

---

[2] Ver: José Luis Rodríguez de la Flor (Ed.): *El negocio de incobrables (La vanguardia del humor español en los años veinte)*. Ediciones de la Torre, Madrid, 1990.

el cine sonoro empieza a ser una realidad. Llegó para pasar tres meses, con su mujer, su hijo recién nacido y cartas de recomendación de algunas personas de la clase alta de Washington y Nueva York; una dirigida a la pareja de actores Douglas Fairbanks y Mary Pickford. A través de ellos, y con su dandismo por delante, conoció al millonario William Randolph Hearst (el supuesto modelo del *Ciudadano Kane* de Orson Welles) y a Charles Chaplin, entre otros.

Charlot y Edgar Neville en 1928 durante un descanso de rodaje.

Volvió a España pero regresó a Estados Unidos un año más tarde contratado por la Metro Goldwyn Mayer (M.G.M.) como director de diálogos en aquel intento de los estudios para no perder mercado: las dobles versiones. Se trataba de una misma película rodada en diferentes lenguas, con diferentes actores y diálogos, pero con la misma historia y los mismos decorados. Neville no trabajó mucho, pero tuvo una intensa vida social con ese grupo de estrellas a quienes conoció en su primer viaje. Irving Thalberg, el presidente de la M.G.M., le pidió un árbitro de prestigio para mediar en la *Batalla de la zeta*: así llamaban a los problemas por cuestiones de pronunciación entre actores y directores españoles y latinoamericanos. Neville sugirió al dramaturgo Gregorio Martínez Sierra. Y llegaron más escritores como Tono, Eduardo Ugarte, José López Rubio, Enrique Jardiel Poncela. Desde California, escribió para el *ABC*.

«Hoy encuentro a Charlot en el baño turco de Douglas Fairbanks. Charlot suda el cansancio del día, está reventado; poco a poco va eliminando la fatiga y diciendo cosas; me señala un brote de bigotito que se está dejando crecer. —Solo quiero tener un poco de bigote natural, bajo mi bigotito postizo— dice. La verdad es que esos cuatro pelos de tres días hacen muy feo; Charlot está fastidiado por eso, muchas veces le gustaría ser John Gilbert». («Desde Hollywood. Vagabundeo con Charlot». *ABC*, 30 de enero de 1929).

Hay una anécdota, sin confirmar, según la cual Neville habría colocado la bandera republicana en el balcón de la embajada española de Washington el 14 de abril de 1931. Parecer ser, también, que llegó a estar afiliado a Izquierda Republicana, y que luego, después de la Guerra Civil, hubo de mover muchos contactos para que aquel borrón desapareciera[3].

No fue un republicano convencido, por lo que se desprende de algunas entrevistas, aunque se trate de conversaciones publicadas en plena dictadura. Desempeñó, como no podía ser de otra forma, su trabajo de diplomático para el gobierno republicano. Recorrió Marruecos, entre 1934 y 1935, para elaborar un informe sobre los posibles prisioneros españoles que quedaban por aquellas tierras, por lo cual le fue concedida la Cruz de la República.

«Hubo mucha gente que sin perder el afecto personal a don Alfonso XIII, que era todo bondad y simpatía, habíamos acogido la República con la esperanza de que esta forma de gobierno calmase la lucha perenne de los españoles entre sí, y que en vista de la carencia tradicional de grandes políticos los sustituyesen por un código de leyes, con las cuales se dejase poco margen a su menguada capacidad personal. Poco a poco nos había ido ganando la desilusión. No se hacían más que disparates,

---

[3] Sobre este asunto hay que leer a Juan Antonio Ríos Carratalá: *Una arrolladora simpatía. Edgar Neville: de Hollywood al Madrid de la posguerra.* Ariel, Barcelona, 2007.

concesiones a la demagogia y no se resolvía ninguno de los problemas candentes con autoridad»[4].

Poco antes de la Guerra Civil, volvió a viajar a Estados Unidos y durante un trayecto en tren conoció a Conchita Montes, quien sería su pareja y actriz predilecta durante el resto de su vida. Conchita había estudiado Derecho y quería ingresar en la carrera diplomática. Todo esto hasta que Edgar la llamó desde Roma, durante la guerra, para que actuase en las películas que él había ido allí a rodar. Empezó entonces su larga carrera en las pantallas y en los escenarios.

Fue la inventora del pasatiempo el *Damero maldito*; tradujo e hizo crítica de traducciones en *La Codorniz*; formó una compañía teatral con Luis Escobar; representó la obra de Neville *El baile* en Londres, en inglés, y obtuvo numerosos premios. «No fue una buena actriz; pero fue una excelente primera actriz. No creo que haga falta explicar la paradoja: tenía un defecto de dicción, interpretaba siempre el mismo papel, pero... cuando estaba en escena, borraba a todos los demás. El escenario era suyo», escribió sobre ella Eduardo Haro Tecglen. Conchita murió en Ma-

---

[4] Entrevista en Marino Gómez Santos: *12 hombres de letras*. Editora Nacional, Madrid, 1969.

drid, el 18 de octubre de 1994, a los 80 años[5].

Regresó Neville a Madrid el mismo día del atentado en el que murió José Calvo Sotelo, el jefe de la coalición derechista CEDA. Durante la Guerra Civil (1936-39), estuvo en el bando rebelde. En un primer momento marchó, junto a Conchita Montes, a Londres y luego a París, donde trabajó como adaptador de novelas inglesas para guiones cinematográficos; luego a Bélgica y a San Juan de Luz. Volvió a España: primero al frente de Madrid, luego a Brunete y después a la toma de Bilbao. Trabajó con un equipo de cine rodando imágenes reales de las ofensivas bélicas (batalla del Ebro, sierra de Pandols, conquista de Cataluña): de estas tareas surgieron tres documentales de carácter propagandístico, *La ciudad universitaria*, *Juventudes de España* y *¡Vivan los hombres libres!*

Cuando no trabajaba en el frente, Neville vivía en San Sebastián, donde colaboró en la revista humorística *La Ametralladora*, que dirigía Miguel Mihura, germen de lo que en la posguerra sería *La Codorniz*. Durante este tiempo, escribió una serie de novelas cortas con la guerra como tema de fondo que se publicaban en la revista *Vértice*. Más

---

[5] Imprescindible *Conchita Montes. Una mujer ante el espejo*, de Santiago Aguilar y Felipe Cabrerizo. Bala Perdida, Madrid, 2018.

Cartel de *Frente de Madrid*, 1939.

tarde formarían el libro titulado *Frente de Madrid*[6]. Estos relatos se tradujeron al italiano, en la revista *Nuova Antología*, y fue llamado a Roma para adaptarlos al cine, en 1939. El resultado fueron *Santa Rogelia*, *Frente de Madrid* y *La muchacha de Moscú*.

Neville puede hablar en términos simplistas y tópicos —«la lucha perenne de los españoles entre sí»— pero también plantar la idea de reconciliación entre los dos bandos de la guerra desde muy pronto: así plantea el final

---

[6] Conviene leer el prólogo de José Esteban de Edgar Neville: *Frente de Madrid*. Asociación de Libreros de Lance de Madrid. 2013.

del relato *Frente de Madrid*, y así lo mantiene en la película, lo que le valió en el momento severas críticas desde el ala más dura del incipiente régimen franquista.

De carácter liberal, en ese sentido general de la palabra, las primeras diferencias de Edgar Neville con la sociedad oficial española fueron de orden moral: casado y separado en un país donde no existía el divorcio, vivía amancebado con Conchita Montes. Esto, apenas una anécdota, es una muestra de su manera de pensar y de vivir. Es verdad que era un privilegiado y que desde la élite uno puede hacer casi lo que quiera, en especial en su vida privada, por estricta que se ponga la dictadura de turno. Así, pudo permitirse no atender a cuestiones políticas y simplemente vivir en un régimen sin libertades que toleraba que hiciera cine, escribiera, estrenara obras de teatro y colaborara en la prensa.

La mayor parte de su obra, tanto literaria como dramática o cinematográfica, la escribió durante los años de la dictadura. Apoyándose en el humor, la característica principal de sus creaciones, Neville no puede calificarse de conformista, aunque tampoco de radical. Las críticas a los modos y costumbres de una pazguata burguesía, por ejemplo, habituales en su cine y en su literatura las pasaba por el filtro de la ironía, como para que colaran mejor. Sí hay destellos más atrevidos en sus relatos, un género que cultivó de forma constante[7]. De «democracia cristiana del surrealismo», calificó Francisco Umbral su estilo.

En la estela que dejó uno de los autores más originales del siglo XX español, Ramón Gómez de la Serna, surgieron otros literatos y dramaturgos. Uno de ellos, José López Rubio, llamó a ese grupo la «Otra Generación del 27», la otra cara de los Lorca, Alberti, Hernández, etcétera. Además de López Rubio, entre los «otros» del 27 están Miguel Mihura, Enrique Jardiel Poncela, Antonio Lara, *Tono*, Víctor Ruiz Iriarte, Eduardo Ugarte y, por supuesto, Edgar Neville.

En sus escritos[8], ya fueran novelas, obras de teatro o relatos cortos, el humor es una constante. Lo aprendieron de Ramón, siguiendo dos de sus principales características —que eran las de las vanguardias europeas—: la experimentación y la alegría. También fueron llamados los Cosmopolitas. Via-

---

[7] Ver Edgar Neville: *Cuentos completos y relatos rescatados*. Reino de Cordelia, Madrid, 2018.

[8] Hay información interesante sobre su literatura en los prólogos a ediciones más o menos recientes de María Luisa Burguera en Edgar Neville: *Eva y Adán*. Libros del Innombrable, Zaragoza. 2000, y de María de los Ángeles Rodríguez en Edgar Neville: *Producciones García, S.A.* Castalia, Madrid, 2007.

jaron y crearon ambientes, historias y situaciones que poco tenían que ver con lo que se hacía en España: el cine de Neville, *La vida en un hilo*, por ejemplo, es una buena muestra de ello. Su obra, la de todos ellos, ha resistido bastante bien el paso del tiempo. Fueron, en sus creaciones, elegantes, ingeniosos y cuidadosos hasta el extremo de la lengua y la expresión; grandes maestros del diálogo; también en eso de moverse entre la censura, exponiéndose, pero sin arriesgarlo todo.

«A Ramón hay que suprimirle el apellido; la lápida de su calle debe de ser la calle de Ramón, así, sin más detalles, como a él le gusta firmar. Veamos, pues, qué lugar de la ciudad se le dedica, pero hagámoslo pronto, para que cuando él regrese de América se encuentre ya su calle preparada para que desde allí se ponga a disparar sus cien mil ideas, capaces de fecundar inteligentemente toda una generación». («Calle de Ramón». *ABC*, 2 de abril de 1946).

Comedias elegantes y sainetes son los dos principales géneros cinematográficos en los que Edgar Neville se reveló como un maestro. El suyo es un cine muy personal y realizado con un estilo que hizo que lo más costumbrista (un castizo Madrid en *Domingo de carnaval*, *El crimen de la calle Bordadores*

Máscaras de Gutiérrez Solana para *Domingo de carnaval*, 1945.

o *El último caballo*, una adaptación de *La señorita de Trévelez*, de Carlos Arniches, o la vida de un torero en *El traje de luces*) conviviera con lo más dramático (la versión cinematográfica de *Nada*, de Carmen Laforet), con lo más elegante (la comedia *La vida en un hilo*) e incluso con acercamientos al género fantástico (*La torre de los siete jorobados*) o al documental (*Duende y misterio del flamenco*). En 1948, rodó una adaptación de una novela de Santiago Rusiñol en castellano y en catalán: *El señor Esteve*[9].

_____

[9] Sobre su cine se ha escrito bastante bien: Santiago Aguilar: *Edgar Neville: tres sainetes criminales*. Filmoteca Española, Madrid, 2002, Julio Pérez Perucha: *El cinema de Edgar Neville*. 27ª Semana Internacional de Cine de Valladolid, 1982 o José María Torrijos: (Ed.): *Edgar Neville (1899-1967). La luz en la mirada*. INAEM, Madrid. 1999; y también: *Edgar Neville en el cine*. Filmoteca Nacional de España, Madrid, 1977, y *Edgar Neville: 100. Nickel Odeon* 17, Madrid, invierno de 1999.

«—No creo que le vaya a usted a gustar, es un argumento que ocurre entre personas inteligentes.

—¡Ah, claro! Entonces, no —contestó García».

(*Producciones García, S.A.* 1956)

Y *La Codorniz.* La revista de humor creada en 1941 por Tono y Mihura. Neville la definió así: «Se trataba de triturar una civilización burguesa y falsa que traía renqueando un siglo de cursilería y de convenciones, atado a los faldones del último chaquet. Sátira de las novelas románticas, de los folletines, de los sonetos a la rosa de té, de las visitas de cumplido, de María o la hija del jornalero, de los señores con barba y chistera, sátira del ingeniero que se casa con la mocita de Arenales de los Ríos..., sátira del niño modelo, del famoso Juanito y del imbécil de su padre». *La Codorniz* fue un rincón para la sátira, el humor, la ironía en un país cerrado, acallado, temeroso —por la presión de la dictadura, no por otra cosa.

«*La Codorniz*, implacable, perseguía a todo lo falsorro de la sociedad y al convencionalismo de los sentimientos estereotipados, y muchas personas no se atrevían a dar rienda suelta a su instinto por miedo a que les dijeran que se habían escapado de las páginas de nuestra revista». («Sobre el humorismo». *Obras selectas*, 1969).

Edgar Neville aportó mucho al humor, al cine, al teatro, a la literatura de su época —y al flamenco: ahora lo vemos—; en cada disciplina hubo un toque *neville* diferente —más costumbrista; más arriesgado; más convencional; más crítico; más irónico; más lírico; más contenido...— pero siempre manteniendo ese aire dandi.

CON USTEDES UN AFICIONADO

EN EL FLAMENCO, el término «aficionado» no se utiliza a la ligera —en ciertos entornos flamencos, ay, nada se utiliza a la ligera—. El «aficionado» entiende, sabe, conoce, tiene criterio y, también, opiniones; los hay ortodoxos, heterodoxos y ultraortodoxos. Cuando se dice de un artista que es un «buen aficionado» es para remarcar sus sólidos conocimientos y su interés por la investigación y la profundización en este arte.

Edgar Neville fue, a lo largo de su vida, un auténtico «aficionado»; uno de los buenos, de los muy buenos. Lo mostró con una excelente y pionera película, *Duende y misterio del flamenco*, y dejó el rastro mediante artículos publicados en la prensa y unas notas escritas

casi al final de su vida que quedan re-
cogidas en este *Flamenco y cante
jondo*.

Cartel de *Duende y misterio del flamenco*, 1962.

Cineasta, escritor —novela, cuentos, artículos, teatro, poesía— y *bon vi-
vant*, Neville tiene un pedigrí flamenco
incuestionable. Es posible que en sus
andanzas de joven y privilegiado crá-
pula en el Madrid de finales los años
diez[10], pudiera haber escuchado fla-

---

[10] Para esta época de la vida de Neville hay que leer
su novela *La niña de la calle del Arenal* (con prólogo
de Jesús García Dueñas). Reino de Cordelia, 2012.

menco, y del bueno: en Los Gabrieles, por ejemplo, un local que estaba situado en la calle del Lobo (de Echegaray, en la actualidad), se encargaba del asunto musical el mismísimo cantaor Don Antonio Chacón —así, siempre con el Don por delante—, prácticamente el creador del flamenco que conocemos, que estaba allí junto al guitarrista Ramón Montoya, otro de los históricos.

El joven Neville conoció a Chacón en Granada en 1922, nada menos que en el famoso Concurso de Cante Jondo organizado por Manuel de Falla. A Falla le preocupaba la pérdida de las esencias del arte flamenco en ese momento —lo que era y ha sido muy discutido— y organizó un concurso, solo para aficionados —esto también se ha criticado bastante— para el que contó con el apoyo de intelectuales y artistas: Zuloaga, Gómez de la Serna, Rusiñol... y García Lorca.

Federico García Lorca era amigo de Edgar, que tenía entonces 23 años, y le convence para que vaya a aquella ciudad a atender al concurso. Neville entonces estaba matriculado en Derecho en Murcia, cuya universidad era nueva y en la que, al parecer, se abría mucho la mano en cuestión de aprobados para atraer alumnos. Lorca le sugiere que traslade el expediente a Granada y que durante el concurso se hiciera amigo de los catedráticos. Ya no daba tiempo al papeleo universitario, pero Neville se subió a un tren y viajó hasta aquella ciudad acompañado del hispanista francés Mauricio Legendre. Al final, sí se licenciaría en su universidad.

Además de Falla, en el jurado estaban los mencionados Chacón y Montoya. Y entonces llegó el Tenazas, Diego Bermúdez de nombre, a pie desde Puente Genil, Córdoba —el Tenazas andando aparecerá en una escena de la película *Duende y misterio del flamenco*—, y en la selección previa de candidatos cantó unas siguiriyas que hicieron que a Chacón se le saltaran las lágrimas y les pidió a Federico y a Edgar que se ocuparan de él, «no vaya a perder la voz la noche del concurso», escribió Neville que le dijo Chacón. Habría que ver a esos dos refinados veinteañeros cargando con el anciano Tenazas por Granada. Al final, el hombre, la noche del concurso, tuvo una pájara y lo hizo regular, aunque se llevó un premio, y llegaría incluso a grabar un disco más adelante. El otro ganador de aquel certamen fue un niño de unos 13 años llamado Manuel Ortega, quien con los años sería conocido como Manolo Caracol.

Neville se estrenó en Córdoba como periodista y mandó una crónica de todo aquello al periódico *La Época*, crónica del 24 de junio que se incluye en esta edición, su primer texto flamenco: «Al volver entusiasmados del viaje, cuando intentamos explicar lo que hemos visto y oído, no acertamos, ¿cómo vamos a describir la emoción que causaban las siguiriyas del viejo —escribe—. No acertamos a narrar nuestras impresiones». Treinta años más tarde, en *Flamenco y cante jondo*, le dedica un capítulo al concurso de Granada donde alude a «un arte que en aquel momento era totalmente desconocido fuera de España y pésimamente conocido fuera de Madrid y de Andalucía». A Edgar Neville le deberá el flamenco, sin duda, uno de los impulsos para dejar de ser «desconocido», sobre todo fuera de España, con su película.

Después de 1922, siguió escuchando flamenco, buscando lo mejor, lo que le *pellizcara*. De los años de su juventud, probablemente antes de marcharse a Estados Unidos, echa pestes de la moda de las colombianas y las guajiras y defiende una visión un pelín talibana de las esencias del flamenco, que se emparenta con el planteamiento de Falla y con lo que más adelante sostendría el cantaor Antonio Mairena con una teorización y esa separación basada, entre otras cosas, en lo gitano y en lo no gitano del cante y del baile: la defensa de una supuesta y antigua tradición es norma entre una mayoría de aficionados.

Estos planteamientos estarán presentes luego en su película *Duende y misterio del flamenco*: que si el cante grande y el cante chico; que si la clasificación de los diferentes palos. Pero cuando está dirimiendo esos asuntos, escribe: «¿Qué fue antes, el huevo o la gallina? ¿Qué fue antes, la caña o la soleá? Cualquiera lo sabe, me da lo mismo, no hay una sin otra».

De sus correrías por Madrid de los años veinte, Neville traza un mapa jondo de la capital. Cuenta que los alrededores de la calle Atocha conformaban el barrio flamenco de la época, con el Café del Imparcial, en la plaza de Matute, o el Café de la Unión, que se menciona en la letra canónica de los caracoles, ese palo creado en Madrid que es una derivación de las alegrías de Cádiz.

La visión romántica —por no llamarla tradicional, o sí— del flamenco está presente en sus artículos, en sus textos y en su película, en la que cantan los más destacados del momento, Mairena, Aurelio Sellés, el Niño de Almadén, y las jóvenes promesas Fernanda y Bernarda de Utrera; y lo mismo en el baile. Pero no puede dejar de fijarse en

Fotograma de *Duende y misterio del flamenco*.

el cante más íntimo cuando saca a una jovencísima pareja —ella 16 y él 17 años—, con un bebé en brazos, con la muchacha cantando por bulerías.

Sobre el cante grande —ese flamenco en teoría más puro, más antiguo, más cercano a los orígenes— dice que «no es un cante para el público (…) porque es un quejido, porque es un lamento, porque es un dolor que no tiene más forma de expresión que este». Ahí está esa visión romántica y también un pelín elitista. Despreciaba eso que en la actualidad se tildaría de «flamenquito»: habla de «los que gustándole la fiesta flamenca no les gusta el flamenco», de los que «lo único que les divierte es que toquen por zambras para salir a bailar».

Y luego está el toque clasista: «Antes lo gitanos no eran nunca cursis ni ordinarios. Hoy siguen librándose de la ordinariez aquellos que han intimado con los señoritos». Esto solo se entiende bien si pensamos en esa mirada canalla al ambiente flamenco en donde se juntaban los aristócratas (bueno, algunos) y los señoritos con los artistas y otros miembros del lumpen en noches largas y cargadas de música —mercenaria casi siempre— y alcohol. Pero no hay que olvidar que la actitud de muchos de esos señoritos en los tablaos fue a menudo déspota, desconsiderada y autoritaria con los artistas, a los que tenían cantando, tocando y bailando toda la noche, pagándoles cuatro duros. Son innumerables los testimonios de flamencos contando esto.

Pero nuestro aficionado va por otro lado: «El flamenco a quien le gustaba era al pueblo y a los duques, como ha pasado siempre en España, en donde el pueblo y la aristocracia han estado juntos en todas las artes populares, mientras que los requetecursis enseñaban la marcha de *Aída* a sus niñas y levantaban el dedo meñique al tomarse la tacita de chocolate».

En 1965, ESCRIBE la serie que se recupera aquí de cuatro artículos para *Sábado Gráfico* en los que repasa los principales tablaos de Madrid: Las Brujas, El Duende, Los Canasteros, Torres Bermejas, Villa Rosa, Zambra, El Corral de la Morería, Las Cuevas de Nerja. Se alegra de la proliferación de estos tablaos a los que van aficionados de verdad y extranjeros, dice, pero también «mal educados que hablan en voz alta sin parar y sin el menor respeto por el artista que canta y por el público que escucha». Tampoco le gusta que se coma durante las actuaciones y propone una especie de cordón de seguridad: que en las primeras filas no se sirva comida… Destaca, eso sí, que se están cantando, tocando y bailando cantes antiguos de los buenos. Se dice a sí mismo que no hay que caer en nostalgias y reconoce la existencia de un público que sabe.

Artistas que le gustan: la bailaora Tatiana Reyna o los cantaores Terremoto de Jerez, Pericón de Cádiz, Pepe el Culata o Canalejas de Puerto Real. Una muestra más de su indiscutible buen gusto.

«El baile flamenco —escribe— es una explosión de vida interior, una floración de gestos, ademanes y ritmo de unos artistas que se entregan a las volutas de su inspiración, que, aunque si-

29

guen una coreografía aprendida, parece a cada momento que la están creando». Pero no se puede poner poético sin bajar enseguida a tierra y cuenta que cuando uno de esos bailaores se pone a zapatear mirando al público como diciendo «ya ven, sin manos», no puede resistirse a mirar para otro lado, porque los flamencos de verdad bailan para ellos. Al baile, y a las bailaoras del momento, le dedica otro de los artículos rescatados en esta edición donde, bajo el título «Baile español», destaca la excelencia alcanzada por esta expresión artística.

Se queja por otro lado —y no se puede estar más de acuerdo con él— de la cursilería de los recitados, que se ponen entonces de moda al empezar un cante o en mitad de él, y que fue llegando a los discos; un espanto. «Ni el pobre Lorca —dice— sale beneficiado de ello».

Ante la reforma del Villa Rosa, de donde han desaparecido los cuartos donde los señoritos se encerraban con cantaor y guitarrista, a veces durante varias noches, con sus días, para correrse una juerga de esas que hemos mencionado más arriba, Neville hace la siguiente reflexión: «¿Cuándo se van a convencer de que la gente no se acuesta a la hora que quiere un señor u otro, sino a la hora a la que le da la gana y que le permiten sus ocupaciones del día siguiente y que todo lo que sea poner trabas a la libertad elemental es solo crear mal ambiente y obligar a la gente a hablar mal de los causantes?». Le sale a relucir un poquito ese clasismo, cierta actitud aristocrática de quien dispone de su tiempo —y quiere disponer del de los demás— y que lleva mal eso de las normas pequeño-burguesas.

❧❧❧

EL POTAJE DE UTRERA es un festival que se celebra en esa localidad sevillana desde 1957 y del que Neville era un asiduo. En el verano de 1966, le entrevista un periodista del diario *ABC*, Salvador de Quinta:

«—¿Por qué ha venido a Utrera?
—Por muchas razones. Una de las principales quizá sea porque quería oír a Juan Talega antes de que se le vaya la voz. Hay cosas que como él las canta no las canta nadie.
—¿Conocía a los grandes artistas de Utrera?
—Antes que usted. Tenga en cuenta que hace quince o veinte años yo vine a Utrera a buscar a Fernanda y Bernarda para una película».

Aquel año, se sortea un burro y le toca a Neville. Al periodista —que titulará la pieza «Edgar Neville y el burrito»— le dice que lo agradece, pero lamenta no poder llevárselo porque vuelve a Madrid en avión, sin embargo hay una anécdota apócrifa que dice que se llevó el burro hasta la escalerilla del avión a ver si había suerte...

Y hay que hablar ya de la película, de la gran película que es *Duende y misterio del flamenco* para la que, como dice en esa entrevista, se fue a Utrera a busca a Fernanda y Bernarda.

Hubo un proyecto de cortometraje, con un fotógrafo americano, un tal George Hoyningen-Huene, que se iba a llamar *Song of Spain*. La idea era plasmar un recorrido por Granada con música flamenca y una trama inspirada en el personaje de Carmen. Nunca se rodó y no terminó bien, al parecer, con el fotógrafo. Al poco tiempo, arranca el proyecto de *Duende y misterio del flamenco*.

En tres películas anteriores ya introdujo Neville algún número musical flamenco: *La Parrala* (1941), *El crimen de la calle Bordadores* (1946, con el Niño de Almadén al cante, Román el Granaíno a la guitarra y Elvira Real bailando) y *El traje de luces* (1947, con la bailaora Carmela Montes); pero esto era otra cosa.

Otro cartel de *Duende y misterio del flamenco*, 1962.

Duende y misterio... se rodó entre junio y septiembre de 1952 en Córdoba, Écija, Sevilla, Carmona, Utrera, Morón de la Frontera, Algodonales, El Puerto de Santa María, Jerez, Cádiz, Vejer de la Frontera, Tarifa, Málaga, Ronda, Granada, Marchena, Dos Hermanas, Arcos de la Frontera, Madrid y El Escorial. Se solicitó que fuera considerado largometraje de ficción y no documental, pues así se facilitaba el estreno comercial, los permisos, las ayudas y también quedaba fuera del control del NO-DO[II].

Cantan Antonio Mairena, el Niño de Almadén, Aurelio Sellés, El Pili, Bernarda y Fernanda, Carmen Ruiz, Lola de Triana, El Niño de la Cantera, Aurelio de Cádiz y Manzanilla; y Chano Lobato, aunque no está en los créditos. Y tocan la guitarra Luis Maravilla, Manolo de Badajoz, Rafael de Jerez, El Titi, Moraíto Chico y El Poeta. En el baile, Pilar López y su compañía, María Luz, Juanita Acevedo, Roberto Ximénez y Antonio Ruiz Soler, Antonio el Bailarín. Y hace un cameo un viejo Juan Belmonte, que torea una vaquilla. Y tiene una fugaz aparición Conchita Montes, actriz, musa y pareja de Neville, embozada como una mujer musulmana.

Costó 5,5 millones de pesetas. Se estrenó en el cine Coliseum de Madrid el 15 de diciembre de 1952. Se le reconoció el valor en relación al flamenco, pero se criticó la falta de hilo conductor de la narración y un cierto desorden. Se rodó en un sistema llamado Cinecolor, que era un invento español que no re-

[II] Christian Franco Torre: *Edgar Neville. Duende y misterio de un cineasta español*. Shangrila, Santander, 2015.

sultó muy eficaz, de manera que ese color extraño con el que vemos ahora *Duende y misterio del flamenco* no se corresponde con el original.

Se proyectó en París en febrero de 1953 y asistió Jean Cocteau, que era el presidente del jurado del Festival de Cannes de aquel año, donde iría la película y conseguiría una mención de honor. Se estrenó en París, entonces, en mayo y al poco tiempo se distribuyó en EE.UU. con cierto éxito.

La película tiene un narrador, que es Fernando Rey. En las copias que se pueden ver ahora aparecen unos subtítulos en inglés que dan más información que ese narrador. Resulta muy curioso. Consta de 26 números. Aquí va un resumen:

- Vejer de la Frontera. Antonio Mairena canta una siguiriya. Hay una escena con un jinete y una tapada, que es, como ya hemos dicho, Conchita Montes.
- En un decorado, se baila la caña, cantada por el Niño de Almadén.
- Fernanda y Bernarda cantan por soleares. El narrador, con un par, dice que son «tal vez poco fotogénicas». Aquí es donde aparece Belmonte con la vaquilla.
- Con la Alhambra al fondo, un baile por soleares.
- Baile por serranas en Algeciras.

- Suena una taranta y una pareja joven hace una mudanza en un carro a un pequeño cortijo.
- Aurelio canta una media granaína y vemos el Sacromonte. Hay una referencia a la muerte del poeta. Es un entierro, encabezado por niños desnudos. El narrador hace alusión a una costumbre de la India. El subtítulo inglés —la voz del narrador, no, aunque podría ser por un salto; hay muchos en la cinta que se puede ver ahora— dice que «los gitanos llevan el féretro de su amigo».

Hay quien ve aquí un homenaje a Federico García Lorca: el poeta, el amigo de juventud, el fusilado que no tuvo entierro. Su amigo Edgar se lo ofrecería aquí, acompañado de los gitanos, en el Sacromonte.

Una pausa en la película para hablar de Lorca: se habían conocido en el madrileño Café del Pombo[12]. Ya hemos hablado del viaje a Granada, de los días compartidos durante el festival. El 6 de noviembre de 1966, cuando ya han pasado treinta años de su muerte, *ABC* le dedica un especial al poeta cuya fi-

[12] FRANCO TORRE, Christian Franco Torre: «Federico García Lorca y Edgar Neville: Historia de una amistad», en *Celuloide sin revelar*, blog de *La Nueva España* (13/07/2015).

gura llevaba todos esos años prácticamente silenciada por el régimen franquista. Neville, en un tono un tanto tímido, que se entiende, al menos en parte, por la sombra dictatorial, pero con el que habla de reconciliación y de violencia en el lado franquista, escribe en los primeros párrafos de su artículo:

«A esta distancia nadie podrá creer que pretendemos atacar a un régimen que como tal, no tuvo la culpa del drama. Cometió solo el error de dejarse arrebatar la bandera de su cadáver por gentes que no eran ni amigos del poeta.

A Federico lo mató el desorden de los primeros momentos, cuando los malvados de cada campo aprovecharon el barullo para saciar su instinto y vengarse de sus enemigos o del éxito ajeno. Fue un crimen pueblerino, casi se puede decir que personal, como lo fueron en el otro lado el de millares de inocentes, algunos de ellos poetas, también autores, escritores que nada tenían que ver con la política ni querían saber nada de ella.

Nosotros lamentamos todos esos crímenes, pero, claro está, nos duele más hondo el estúpido sacrificio de los que eran compañeros más entrañables y además gloria de las letras españolas: genios, como Federico.

La idea del monumento a los caídos de ambos lados es una idea noble que prueba que pisamos terreno firme y que hace más incomprensible el que durante tantos años se nos hayan puesto inconvenientes para hablar sobre el asunto.

La obra de Federico está por encima de los partidos y de las disensiones, es un bien nacional como la obra de los Machado, de Juan Ramón o de Lope. Y su figura particular, tan mal conocida, tan intencionadamente mal aclarada, es cosa que debemos definir los que tuvimos la inmensa suerte de ser amigos suyos desde la época de estudiantes».

Continúa recordando lo que Lorca le dijo cuando se fue a Granada, creyendo ir a sitio seguro, contando el silencio con el que se encontró en sus visitas a Víznar y reivindicando la necesidad de exhumar los restos del poeta y enterrarlos.

Volvemos a la película, cuyo siguiente cuadro arranca precisamente con el verso: «Córdoba, lejana y sola...».

☙ Petenera. Córdoba. Un jinete. Una mujer entra en un convento.
☙ Cádiz y Vejer de la Frontera, por

alegrías. Al lado de Aurelio Sellés, da palmas un joven Chano Lobato.

✍ Una anciana y una niña bailan por alegrías en una azotea de Cádiz.

✍ Más alegrías, esta vez bailadas en Vejer.

✍ Salto a Madrid, al contemporáneo con unos caracoles, pero pasamos enseguida a una escena goyesca con el ballet de Pilar López.

Pilar López fue una figura fundamental del baile español. Dice el flamencólogo José Manuel Gamboa que a ella se debe que el flamenco sea conocido en Japón. Era hermana de La Argentinita, otra figura del baile, amiga y colaboradora de García Lorca. Pilar fue la descubridora (pues pasaron por su compañía) de nombres como Antonio Gades, Farruco o Mario Maya.

✍ Un bolero en el Palacio Real.

✍ Panaderas, otro baile, con Madrid al fondo.

✍ Antonio baila frente al Monasterio de El Escorial unas sonatas del agustino padre Soler.

✍ Pilar López baila una creación suya, Pepita Jiménez, en homenaje a su hermana La Argentinita, basada en música de Albéniz.

✍ Juanita Acevedo por siguiriyas, y

un caballo bailando detrás de ella en un curioso dúo.

☙ Danza de Granados por Pilar López y Manolo Vargas.

Salvo las siguiriyas de Juanita Acevedo, este bloque es baile español puro y duro y la relación con el flamenco, con esa expresión auténtica y pura que Neville reivindica, no está muy clara.

☙ Baile por tanguillos en El Puerto de Santa María.
☙ Zapateado de Roberto Ximénez en un decorado, con Luis Maravilla a la guitarra.
☙ Fandangos por el río.
☙ Baile por verdiales.
☙ Baile por granaínas.

Este es el bloque de los cantes menores, según esa distinción de cante grande/cante chico.

☙ Y llegan las bulerías cantadas por esa joven gitana de 16 años junto a su marido de 17 y el bebé de ambos que hemos mencionado antes y que es uno de los momentos de enorme valor documental de la película; para mí, con la escena de las hermanas de Utrera y el baile de Antonio por martinetes que sirve de cierre.
☙ Y una fiesta por bulerías en la que

unos aficionados bailan, a su aire, con ese espíritu de juerga que cualquiera que haya asistido a un buen espectáculo flamenco conoce, pues la fiesta por bulerías se utiliza a menudo como cierre, y aquí parece que es así, pues vemos el barco alejándose... (Un inciso, el cantaor que aparece en las imágenes es el no acreditado Chano Lobato).

Pues, efectivamente, parece que hemos llegado al final, pero creo que Neville, que se había dejado llevar por el espíritu alegre del flamenco (que lo tiene y que no desmerece en absoluto de la parte de los lamentos y las penas) se da cuenta de que no puede ser y le hace decir al narrador: «Pero el flamenco es grave»; y se pasa, ahora sí, al número final. Al impresionante número final, todo hay que decirlo.

𝒮 El Tajo de Ronda al fondo y Antonio delante. El Pili canta un martinete, el cante de la fragua, el cante sin guitarra. Y Antonio crea el baile por martinete.

La cita siguiente es larga, pero tiene que estar aquí: «Quedaba el bailar por martinetes, y allá se lanzó Antonio, fijándolo por vez primera en la historia en 1952 —escribe Neville en su aportación a un libro de fotografías de Juan Gyenes homenaje al bailaor[13]—, en una tarde inolvidable, bajo el impresionante Arco del Tajo de Ronda. Allí nació el martinete bailado. Nunca un baile flamenco pudo tener tan noble cuna y quedar fijado en el celuloide para constancia histórica.

»El baile por martinetes tenía que ser al compás de la siguiriya, pero el bailaor no podía apoyarse en la melodía de la guitarra; la guitarra no interviene en el martinete y por lo tanto la guitarra tenía que ser el corazón del bailaor, mientras que los pies, en un inimitable zapateado, esta vez lleno de sentido y calidad, fijaban la coreografía, y el cuerpo entero hacía lo demás, que no es poco, bailaba, y bailaba por martinetes.

»Pocas veces se ha visto algo más bello, más emocionante, que el baile por martinetes de Antonio, debajo del Arco del Tajo de Ronda. Mi película recorrió el mundo entero, y gentes de las razas más alejadas de la nuestra, de la sensibilidad más remota y distinta, se levantaban del asiento en un momento dado, enloquecidas por el baile de Antonio, y gritaban como lo hacía también el público de Jerez y Sevilla.

»Si no supiéramos que Antonio es

---

[13] Juan Gyenes: *Antonio. El Bailarín de España*. Taurus Ediciones, 1964.

un superdotado, un dios de la danza, su martinete hubiera bastado para atestiguarlo».

El contrato entre cineasta y bailarín está escrito a mano, en un papel con membrete del Hotel Crillon de Madrid. Y a ese documento le siguió una correspondencia entre ambos, que incluye también el productor Cesáreo González, a propósito de dónde tenía que ir el nombre de Antonio en los carteles y en los créditos, con reproches sobre algún incumplimiento, que reproducimos en un apéndice final.

«Mi película es la exaltación del cante y del baile flamenco. No es un documental, sino la historia del genuino folclore de esta tierra», dijo Edgar Neville. En un documental que reivindica —es su intención— las raíces, lo folclórico, lo tradicional del flamenco, van y se inventan un baile. En una conferencia en el Ateneo de Madrid, en octubre de 2025, el artista pluridisciplinar Pedro G. Romero sostenía que en el flamenco, a menudo, cuando se quiere volver —o quedarse— en lo tradicional en realidad se está innovando. Es el caso.

❧ ❧ ❧

«Antonio Mairena», el artículo publicado en *ABC* —diario al que Neville estuvo muy vinculado, como estamos viendo— el 16 de marzo de 1958 y que figura en esta edición, resulta, a esas alturas de su vida, una muestra impecable de cómo vivió su afición flamenca, con pasión y curiosidad. Por aquellos tiempos, Mairena cantaba en las giras de la compañía del ya mencionado Antonio el Bailarín, y en el tablao El Duende, propiedad de Pastora Imperio, que funcionaba en Madrid desde 1956, y es más que posible que Neville le hubiera visto allí.

El aficionado Neville está aburrido del flamenco que se escucha por ahí, pero descubre a Mairena y se deslumbra, reconoce el genio del cantaor, destaca la pureza, el linaje y las raíces de sus «cantes como eran antes de adulterarse [...], saben a nuevo, como sabe lo antiguo cuando es noble y hermoso —escribe—. Alerta, aficionados, uno de los más grandes cantaores de la época canta en Madrid, no os le perdáis y escuchadle callandito».

Es habitual entre los aficionados al flamenco, y entre los aficionados a casi cualquier cosa, lamentarse de que lo auténtico se está perdiendo, de que antaño todo era mejor, y nuestro Neville no se libra de ese tic, pero su optimismo, su entusiasmo, sus ganas de disfrutar le llevan a estar lo suficientemente alerta como para que el aburrimiento y la nostalgia no le cierren los oídos, y se deleite con el cante de Antonio Mairena y quiera propagar su descubrimiento.

❧ ❧ ❧

Y LLEGAMOS A *Flamenco y cante jondo*, esta breve colección de seis breves textos, de seis breves reflexiones o recuerdos, escritos y publicados en 1963, cerca del final de la vida de nuestro autor. Casi todo lo hablado hasta aquí está presente en estas páginas. No se trata de un erudito, ni de un investigador, se trata de un aficionado escribiendo, más bien de memoria, sobre esa música que le ha acompañado a lo largo de su vida. Hay opiniones, como en todo buen aficionado flamenco, que se han quedado un poco desfasadas; otras, discutibles; hay algunas contradicciones; se pone estricto unas veces y muy comprensivo otras, pero cada frase tiene el latido del respeto y el amor por este arte.

Estos textos los editó el poeta, librero y editor Ángel Caffarena (Málaga, 1914-1998), en las Publicaciones de la Librería Anticuaria El Guadalhorce, donde Neville también publicó algún poemario.

«Antecedentes», «El tema del amor», «Granada 1922», «¿Cante grande y cante chico?», «Poesía del cante flamenco» y «El sexo en el cante» son los títulos de cada apartado. Y todo se puede resumir en que a Edgar Neville le gustaba un flamenco arcaico, crudo, sin demasiadas florituras; aunque tampoco le hacía ascos, como hemos visto, a las novedades, siempre que tuvieran lo que él consideraba un aroma añejo. Le gustaba el flamenco «con faltas de ortografía» —expresión del cantaor Rancapino—, amaba «un arte que ayer era el grito sordo de un pueblo que no tenía mejor forma de expresión, y que hoy —escribió— ya ha tomado categoría universal».

José María GOICOECHEA

Flamenco y Cante Jondo

Edgar Neville

Antecedentes

LA MAYOR DIFICULTAD que ha habido para el estudio de nuestro arte es la falta de documentación sobre el flamenco: la falta de libros publicados en la gran época, si entonces hubieran prestado la atención que se le da actualmente a esta extraordinaria y extravagante manifestación artística andaluza. Pero apenas nos quedan algunas colecciones de cantes y algunas breves biografías de cantaores, demasiado someras, como escritas por profesionales del cante más que por escritores e historiadores o musicólogos. Recientemente, textos y ensayos por investigadores con suficiente oficio y conocimiento de la materia van aclarando las cosas. Falla, en su primer folleto, rompió el fuego; y creo que el árbol genealógico del flamenco, de Caffarena, es decisivo. No tenemos más remedio que concluir estos fundamentos históricos, tan necesarios, para olvidarlos pronto y procurar tratar el flamenco como cosa viva.

El libro de Fernando de Triana está muy bien, pero es como un prólogo del gran libro que se debió escribir, y, por otra parte, Fernando de Triana no conoce más allá de su época, como es natural, y no se remonta a los tiempos de Silverio y a los del Nitri. En cuanto a Manolo Torres y Antonio Chacón, somos muchos los hombres de mi edad que los hemos tratado con bastante intimidad y los hemos conocido en sus mejores momentos.

Pero ¿y de todo lo anterior? Pues de todo lo anterior no hay más que un vago recuerdo, una nebulosa en la que surgen nombres pintorescos, pero sin ningún perfil auténtico que nos explique, no ya solamente cómo eran los artistas y qué vestidos llevaban, sino también qué es lo que cantaban y qué evoluciones musicales han sufrido sus cantes primarios, sus primeros martinetes, sus deblas, sus tonás y sus siguiriyas y sus soleares.

Todo esto está por escribir y ya no puede hacerse, porque está por escribir en aquella época, pero también por otra causa que, para mí, es la más importante para explicar el flamenco:

El flamenco no fue un espectáculo, ni nació para ser un espectáculo: era la forma de expresión de un pueblo más bien inarticulado, eran los poemas que decían a gritos de llanto unos analfabetos que no podían expresarse de otra manera, eran los lamentos de amor de un tosco primitivo que apenas sabe hablar pero que al recibir la herida se expresa de ese modo. ¿Quién podría pensar que ese lamento íntimo, que ese llanto musical, que ese abrirse las carnes para enseñar el corazón, pudiera ser un día, como se dice ahora, taquillero? ¿Quién podría imaginarse que la debla, desafinada por una congoja de un preso, pudiera interesar a un holandés de paso por la ciudad?

Y así ha sido, y así, poco a poco, se ha convertido en un valor comercial, en un espectáculo. Y cuando la debla ha dejado de ser ese grito del alma del cautivo y se ha convertido en plata no podía tener la misma sinceridad, la misma emoción, el mismo eco, el mismo son que cuando la decía un hombre agarrado a las rejas, que lloraba al pensar que su hembra se habría ido con otro.

El duende está precisamente en ese desgarro, en ese dolor íntimo, y por eso el duende que a veces parece escucharse en los tablaos es un duende estudiado, es un duende amaestrado que nada tiene que ver con el dolor de un cantaor que canta borracho, cuando se han marchado todos los clientes a su casa y se ha quedado con unos amigos, a los que canta, a veces escupiendo sangre, como lo hacía el pobre Manuel Torres, su pena real en una siguiriya.

Yo quiero dejar bien dicho que para juzgar a un cantaor nunca quiero verlo como intérprete de un estilo, de un cante determinado, sino como la proyección de sí mismo, de un hambre que al decir su siguiriya se exprime como una naranja.

Para mí el mejor cantaor es el que se quema en ese trance supremo de su cante, y se rompe las arterias buscando el vozarrón que diga exactamente la pena de su alma, y al terminar la copla caiga en el suelo muerto, mientras que el cante quede vibrando en el aire ingrávido porque para eso era su alma.

El tema del amor

EL CANTE FLAMENCO tiene varias temáticas: la madre que se muere en el hospital se repite con frecuencia, o el recuerdo de la madre muerta, sentimiento profundo y que llega con el cantaor a las oscuras raíces del grito. Pero, sobre todo, el tema principal del cante es sobre cuestiones de amor, de un amor apasionado y violento, que nos hace presumir a veces una mujer tierna y desgraciada, una mujer que no se atreve a saltar las barreras de lo establecido, para conseguir su felicidad; pero también, otras veces, nos hace presumir a una morena cruel, más atenta de su propia vida que del dolor del que la canta. El amor fue siempre el tema primero de todos los cantes que en el mundo han sido, pero en el flamenco, y sobre todo en el cante jondo, este ya se sublimiza y se lleva al límite, porque el amor verdadero nunca se pasa, y cuando parece que se fue, escuchad: nos queda un rumor dentro como el del mar en las caracolas. Todo lo más que se consigue es remontar el torrente a zonas más tranquilas, y de ahí llega el manantial donde nace, allí donde brota continua, gota a gota, la primera lágrima, que es la que brota para el flamenco en el manantial de la pena negra, y por eso tantas veces es la lágrima la forma expresiva del amor.

El flamenco prevalece a través del tiempo y a través de las modas. Cualquier otro tema se hubiera gastado pronto, pero el amor, a fuerza de ser eterno y a fuerza de ser fugaz, huidizo, es lo que siempre queda, porque es lo que cuenta, en primer término, en la vida espiritual del hombre.

Ese también es otro de los puntos que se han de tener en cuenta cuando se clasifica y se jerarquiza el flamenco. No hay por qué enfadarse cuando a la soleá, a la siguiriya y a la caña se les da más importancia que a un fandango o a un tanguillo: no es ya una razón musical ni genealógica, es también que al son de los tanguillos y de los fandangos se ha tratado de cosas livianas, con broncas y chuflas, y a la broma y a la chufla se les aplaude, pero no se les tiene demasiado respeto.

Para mí todo tiene su razón de ser, siempre que no se prostituya, siempre que no se abarate. Y esto fue lo que ocurrió con el flamenco en los primeros veinte años del siglo, hasta que Falla dio el parón de Granada en 1922: cantaores de grandes facultades pero de poco *sentío* falsificaban estilos respetables dentro de lo que era el flamenco, y ya no eran las alegrías con toda su prosapia literaria, con toda su gracia y con su rima admirable, ni los tanguillos locales tan divertidos y tan oportunos, y el mirabrás con su enrevesada letra, ni los fandangos del Alonso, que nadie ha discutido jamás; eran las invenciones de estos jilgueros de vía estrecha, que aprendían una especie de montaña rusa musical, incorporaban estilos suramericanos inventando ellos mismos las letras más cursis y más ramplonas que se han conocido jamás.

Cómo no iba a tener su público ese tipo de cante, si parecía hecho a medida de los patios de vecindad y de las gargantas de las sirvientas más o menos andaluzas; si ese trino afeminado de unos tenorinos que parecían tiples era mucho más fácil que el carraspeo de Manolo Torres; si ese trino delicado y sutil no lo tuvo más que un cantaor que jamás lo prostituyó en ese tipo de cantes y solamente lo sacaba a relucir en el segundo tercio de su famosa media granaína o en las malagueñas de Enrique el Mellizo.

Don Antonio Chacón tenía también ese registro, y mucho más largo y más amplio que el de todos esos cantaores, pero se guardaba mucho de usar de su magia para desvirtuar ningún género de cantes. Bastante sentía él no tener la voz bronca de Manolo Torres, porque don Antonio, que era la cátedra del cante, sabía su limitación y por eso sabía escuchar esas hogueras que de pronto se encienden en el pecho de un hombre en una noche en que la pasión se hace copla.

Granada, 1922

MUCHO SE HA HABLADO de aquel concurso provincial que organizó Falla en
1922, cuando el cante, el verdadero
cante, estaba a punto de desaparecer. Yo
tuve la suerte de presenciarlo de muy
cerca. Andaba en los últimos años de la
carrera y como no era lo bastante buen
estudiante para examinarme en Madrid,
lo hacía en esas universidades nuevas
que para atraerse alumnos abrían la
mano.

Por aquellos años Murcia era la universidad indicada, y allí íbamos un pu-
ñado de *desinteresaíllos*, para quienes el
curso empezaba en mayo y para los cuales solo existía una cuarta parte del libro
de texto. Pues bien, poco antes de mar-
charme a tierras murcianas Federico
García Lorca, con quien había ligado

una gran amistad desde su llegada a Madrid, me habló del famoso concurso, me animó a que fuera a presenciarlo y me aconsejó que trasladara mi matrícula a Granada y durante el concurso nos hiciéramos amigos de los catedráticos, que eso siempre cuenta.

La idea era genial. Y como en aquel curso ya no había tiempo para trasladar la matrícula aprobé algunas asignaturas y me marché en un tren increíble, que hacía enlace con Granada, en compañía de un hispanista francés, señor Legendre.

Federico era muy amigo de Falla, Falla sentía una gran admiración por él y por su delicada manera de interpretar a Chopin, y yo era ya muy amigo y discípulo de Gómez de la Serna, otro más del triunvirato de grandes. Así es que estuvimos metiendo los hocicos en todas partes, ayudando a Zuloaga a colocar tapices en la plaza de los Aljibes, redactando panfletos y carteles de publicidad con RAMÓN y, sobre todo, presenciando las inolvidables pruebas de los pretendientes al concurso, que se celebraban en la Casa del Castril, a la sombra de la Alhambra.

Allí estaban permanentemente don Antonio Chacón, don Manuel de Falla y don Ramón Montoya. Nos habíamos hecho tan amigos de ellos que también nos sentábamos junto al tribunal, dándonos una importancia loca, y por ello veíamos desfilar a toda la pléyade más extravagante de cantaores, desde la gitana granaína sosa, que pretendía cantar esos cantes gachós de las cuevas, hasta los fandanguilleros más cursis, dispuestos a salir de *smoking* a la primera ocasión.

Y, naturalmente, a algunos tipos fenomenales, como una mendiga que encontró Lorca en el Albaicín y que aún cantaba la liviana, cante sencillo y fácil que se emplea generalmente para templar la serrana, para coger el tono, pero que en aquella época se le había olvidado a la gente, y nadie lo cantaba:

Casita de dos puertas
es peligrosa
pa la madre que tiene
la hija hermosa.

Allí también ocurrió la escena del fabuloso Tenazas, un anciano que en tres días había llegado a pie desde Puente Genil. Traía un bastoncito y una pipa de espuma con tapadera de metal.

Chacón le advirtió muy respetuoso y comedido, como correspondía al dirigirse a un anciano:

—Usted ya sabe que este es un concurso de cante grande, o sea, que están eliminados todos los cantes flamencos, porque no nos interesan.

—Sí, señor —contestó el Tenazas—, por eso he *venío*.

—Pues usted dirá.

Y Ramón Montoya cogió la guitarra
y se sentó en su silla, mientras el Tenazas decía:

—Toque por siguiriyas.

Y de pronto abrió la boca el viejeci-
llo y salió de ella un lamento hondo, terrible, fuerte, denso, un llanto de siglos,
una queja de todo un pueblo, una angus-
tia suprema, y de repente una letra es-
peluznante:

«Ábrase la tierra...».

Chacón abrió más los ojos y parecía
que se quería meter en la boca del
viejo. Pero este siguió su tremenda siguiriya y, al final, en el último tercio,
cuando dijo:

Yo no puedo más,
que para vivir como estoy viviendo
prefiero esmerar[1],

se le saltaron las lágrimas y lo abrazó.

—Pero ¿usted sabe lo que ha cantado? —le dijo.

Y el Tenazas tuvo una risita.

—¿Cómo no voy a saberlo? Son las
cabales, que cantaba un maestro mío.

Y eran, en efecto, las cabales de Silverio, las traídas y llevadas cabales del

---

[1] *Morir* (Nota del editor).

gran cantaor, de quien había sido discípulo el Tenazas.

A don Antonio Chacón se le saltaban las lágrimas y empezó a cuidar al viejo como si se lo fueran a romper, y luego nos lo encomendó a nosotros.

—Cuidármelo bien —decía—, cuidármelo bien, que no vaya a perder la voz la noche del concurso.

Y Federico y yo nos hicimos cargo del viejo, que era un hombre totalmente inexpresivo, y que sacándole del cante no tenía nada que decir. Pero lo paseamos y lo obsequiamos con gran orgullo hasta la noche del concurso.

El viejo tenía setenta y dos años. Se le borró el pico para que pudiera concursar, y se puede decir que el concurso estaba iluminado por el descubrimiento de este anciano, que era un archivo de cante antiguo, y por el chaval Manolo Caracol, que aún no se agarraba del pelo de nadie, pero que cantaba con una solera y una fuerza que le valieron el otro premio.

El Tenazas, el pobre, azorado por el ambiente, por aquella maravillosa plaza de los Aljibes, bien iluminada, con los grandes tapices rodeando el recinto, con el enorme tablao, trabucó las serranas:

> Se murió mi esperanza,
> yo fui al entierro,
> y un triste desengaño
> iba en el duelo.

La letra no era muy alegre, y todo lo acabó de estropear el pobre Tenazas, que se equivocó y repitió dos veces el segundo tercio, y no salía del entierro, venga a decir que había ido al entierro, hasta que ya empezaron a darle el pésame los del público y se precipitó el final.

En fin, mucho habría que contar y mucho se ha contado de aquel concurso. Yo envié mis primeras crónicas a *La Época* de Madrid, y una legión de periodistas cubrió el mundo entero hablando de un arte que en aquel momento era totalmente desconocido fuera de España y pésimamente conocido fuera de Madrid y de Andalucía.

¿Cante grande y cante chico?

PORQUE EL HECHO ES que hasta entonces, desde que yo era chico, solo se oía
cantar unos cantes rarísimos. Los ciegos
generalmente cantaban malagueñas,
pero no eran ni las malagueñas vibrantes
del Breva ni las elaboradas, tristes y di-
ficilísimas de Enrique el Mellizo. Las
malagueñas que cantaban en la calle
eran unas tristonas y sencillas, con las
que se les identificaba rápidamente.
Eran cantes de pobres.

También se cantaba la petenera y
las marianas y, muy de tarde en tarde, al
pasar al anochecido por delante de la
puerta del Café del Brillante, oíamos
cantar por soleares.

Lo demás eran cuplés aflamencados y colombianas y guajiras desvirtua-
das, sin la clase de la guajira auténtica.

No era solamente una época de cantes degenerados, sino de cantes de mal gusto, porque no cantaban ni el cante ligero como el de Cádiz, y ya entonces se había perdido la costumbre de cantar en tanguillos la actualidad española, los sucesos de las calles de Cádiz, la muerte y entierro del Espartero. Ya ni eso.

Todos los comentaristas del flamenco han reflejado este momento luctuoso, y Anselmo Climent, en su estupendo libro sobre flamencología, lo describe muy bien, aunque a veces tiene condescendencias que no comparto.

Porque ¿qué es cante grande y cante chico? Estoy de acuerdo con que puede ser cante grande un cante chico bien cantado, pero entonces sacamos de quicio el problema, porque lo que es grande es el cantaor y no el cante.

Yo creo que la descripción de Falla es perfecta desde el punto de vista musical, y que el cante grande lo componen principalmente los cantes sin guitarra: la toná, la debla, el martinete y sus variantes de la carcelera. Que cante grande es la siguiriya y la caña y la serrana, que aunque es verdad que no tiene la hondura característica del jondo, es un cante por siguiriyas, y por lo tanto puro, y es el único cante por siguiriyas existente que se empieza con otro, la liviana, y se termina con otro más, la siguiriya de María Borrico. Yo siempre lo he incluido en el grupo de cante grande. Luego, ni que decir tiene que la soleá y el polo entran por derecho propio.

¿Qué fue antes, el huevo o la gallina? ¿Qué fue antes, la caña o la soleá? Cualquiera lo sabe, me da lo mismo, no hay una sin otra.

Siguiendo el criterio aplicado a la serrana se podría incluir también en el grupo las alegrías, ya metidos en Cádiz, y yo creo que, en efecto, debiera ser así, porque jondo no quiere decir necesariamente triste, y las alegrías cuando están bien cantadas, cuando el cantaor les da todo el valor necesario y ha sabido desembocar en las cantiñas sin esfuerzo, las alegrías de Cádiz merecen su inclusión en el grupo aborigen.

Ya dejamos los caracoles entre los cantes chicos y derivados, aunque los caracoles sean una estampa romántica.

Los caracoles eran las alegrías que traían los toreros cuando subían a Madrid. Ahora ya ha perdido significado todo esto, y el subir a Madrid no es nada en tiempo del avión, ni siquiera en tiempos del automóvil y de las cien corridas. Pero antiguamente, cuando llegaba la primavera, los toreros andaluces subían a Madrid, llegaban todos los matadores con sus cuadrillas, con sus cantaores, a veces formando parte de ellas y otras no.

Todo eso se alojaba por los alrededores de la calle de Atocha, que era el barrio flamenco de la época, porque por allí andaban los cafés de cante, el café del Imparcial, en la plaza de Matute, que fue el más famoso de todos, y allí, por el café de la Unión y el café de Atocha y por otros muchísimos cafés de la barriada se sentaba toda esa tropa andaluza, con su garbo, su tronío, su generosidad y su jactancia, y hacían colonia de la capital de España, y además se recreían cuando paseaban por las aceras, y era de ver cómo relucía la calle de Alcalá cuando «subían y bajaban los andaluces».

Se les unía además la camaradería de los barrios bajos, que entonces tenían una importancia poética tremenda, y solamente al oir decir que iban a subir los barrios se cambiaba una política e incluso caía un gobierno.

En los barrios se había formado un escuadrón realista con los mozos más broncos de la flamenquería, y ese escuadrón, llamado el Escuadrón del Aguardiente, lo mandaba Salvador Sánchez, *Frascuelo*, el torero de Granada, que hacía el papel de machote en su competencia con el fino arabesco de Lagartijo.

Cuando la vuelta de Alfonso XII, después de la Primera República, el Escuadrón del Aguardiente formó en la plaza de la Estación, con Frascuelo al frente, y de pie, y junto al caballo blanco de Frascuelo estaba la Paloma, una flamenca bellísima, que era su amiga y que bordaba con su hermana, en negro, los trajes de toreros en un piso bajo de la plaza de la Cebada.

Cuando Alfonso XII salió de la estación, antes de subir a su caballo, se acercó a Frascuelo y le dio la mano y las gracias por su actitud durante las revueltas que precedieron a la Restauración. También saludó y dio la mano a la Paloma, que, muy engallada, de pie junto a su hombre, representaba a los barrios.

Poesía del cante flamenco

Sépase bien, y volvamos a coger el hilo del flamenco, que el ser incluido en cante chico no quiere decir un demérito para ningún estilo; es solamente una cuestión cronológica o de importancia musical. El cante flamenco es tan hermoso y puede ser tan puro como el cante grande, pero desgraciadamente admite aditamentos plebeyos que lo desdoran, buscando a la masa, buscando el éxito, buscando el público. Y el cante grande es grande por lo que decíamos al principio de nuestro ensayo, porque no es un cante comercial, porque no es un cante para el público, porque no es cante para que lo oiga nada más que el que lo canta, porque es un quejido, porque es un lamento, porque es un dolor que no tiene más forma de expresión que este.

Ya que es todo esto, ya que es un cante que no quiere hacerse rico, ya que tiene que luchar contra la incomprensión de los que gustándole la fiesta flamenca no les gusta el flamenco, contra el odio de la señoritita, que lo único que le divierte es que toquen por zambras para salir a bailar, vamos a dejarle por lo menos ese aristocrático aislamiento, y vamos a ir todos unidos, pero no confundidos: el cante grande, significando lo que es; y el cante flamenco, como la algarada juvenil que lo rodea.

Con las letras sucede lo mismo. Las del primitivo cante, cuando aún no se ha hecho espectáculo, son terribles, son inarticuladas, no han sido escritas sino gemidas por los cantaores. Las cabales famosas dicen:

> Ábrase la tierra,
> no quiero vivir,
> pues para vivir como estoy viviendo,
> prefiero morir.

Silverio no decía «morir», decía «esmerar», que es la palabra gitana correspondiente.

Hay esa soleá, tremenda, cante de Utrera, que dice:

Olé oleaíta,
qué fuerte *venéis*,
se habéis *llevao* a la pobrecita de mi madre
y no me la traéis.

O este martinete o carcelera tan fenomenal:

De Cádiz al Puerto
han *jecho carrí*,
los pinreles de Anita la *er* Mico,
de *dir* y venir.

Luego, ya se van haciendo más cul-
tiparlantes, para desembocar finalmente
en la cursilería.

Antes los gitanos no eran nunca
cursis ni ordinarios. Hoy siguen librándose de la ordinariez aquellos que han
intimado con los señoritos, pero a
veces tocan la cursilería tanto las letras como los modales. Los pobres no
ven más allá de sus narices, y basta
que un payo recursi salga a cantar flamenco vestido de *smoking*, y nos sirva
el cante como quien sirve una cerveza,
pues nunca parece un señor sino un
camarero, para que a algún gitano
blando de boca se le ocurra la misma
tontería. Pero he de reconocer que,
como les hemos dicho ya tantas ordi-
narieces, el *smoking* va quedando en
el abandono y visten sencillamente de
negro. «Te voy a comprar un traje
negro *pa* que vayas a los sitios» (se
canta por rocieras).

En los cuplés la cursilería es tan
sutil que es muy difícil marcársela, pero
a un flamenco de verdad, a un gitano de

voz brava, no le está bien esa tonta comparación con las flores y con las rositas de pitiminí, y decir que si tu carita y si tus mejillas o tus dientes parecen esto o lo otro o lo de más allá. Porque eso no indica amor, sino un pastel cuajado en una pastelería del barrio de Santa Cruz para los hermanos Quintero, que en paz descansen.

La poesía del flamenco es mucho más honda, mucho más pura, mucho más sutil, mucho más cerca de la poesía de los grandes poetas contemporáneos, mucho más cerca de los «haikais[2]» japoneses. Oír, si no, esta soleá:

> La canta la Bernarda de Utrera:
> Te tengo *reservaíto*
> el hoyito en que durmió,
> una horquilla de su pelo
> y el peine que se dejó.

Los aciertos poéticos del cante son frecuentes. Hay coplas impresionantes:

> A mi puerta has de llamar
> y no he de salirte a abrir
> y me has de sentir llorar.

> Están llorando las piedras
> las penitas mías,
> que yo las tengo de noche y de día.

---

[2] Haiku: se respeta la ortografía original empleada por Neville. (N. E.).

¡Piedras de la calle
lloran las desgracias mías!

El corazón de piedra
tiene esa *mujé*,
que me ha *dejao* morirme de pena,
sin saber por qué.

Frecuentemente parecen trozos de conversación, como esta terrible siguiriya del Nitri:

Redoblaron las campanas, señores,
en San Juan de Dios.
Cómo doblaban por la madre de mi alma
y de mi corazón.

O chismes:

Ya están tocando a misa
en San Antolín.
Como tú no tienes mantilla ni velo
no puedes ir.

O este martinete que cantaba el pobre Federico en plena premonición:

Ayer bajó la Ramona
por cisco a la fundición,
los pícaros de los *jeres*[3]
quisión quitarle el honor.

---

[3] *Hombres*. (N. E.).

¡Qué copla! En que se ve la lucha de la Ramona y de los *jeres* que han dejado el fusil en el suelo y van por ella, mientras unas nubes de enaguas de todos los colores tratan de camuflar, escondiéndolo, el honor de la Ramona.

A veces hay aún más misterio en el martinete:

> Iba por el altozano
> comiéndome unos piñones,
> se oyó una voz que decía:
> tira por los callejones.

El sexo en el cante

Nunca el flamenco es grosero, ni sus letras tampoco, y es rara vez explícitamente sexual, porque el sexo del flamenco está escondido entre capas de primitivismo y de drama, entre complejos ancestrales, amores propios desmesurados y honras mal entendidas, y no suele aflorar. Además, los primeros flamencos del espectáculo tenían que cantar ante aquella sociedad a que me he referido antes, que había pasado varios siglos de *morgue* española, de esa insoportable tristeza o funebrismo que predominaba en nuestro país desde los tiempos de Felipe II, y que motivó la leyenda negra que tanto nos molesta ahora, y que tan poco se ha hecho por eliminarla de verdad.

Pues bien, ese público burgués de la época, tipos como los del anuncio del chocolate de Matías López[4], que consideraban meterse en los cafés de cante como un atrevimiento obsceno, o tener un flamenco en su casa como una travesura por la que serían muy criticados, no hubieran admitido jamás que los cantaores abordasen temas pícaros en sus cantes. Mientras cantaban la muerte de su madre todo iba bien, y ese público victoriano o isabelino, como le queráis llamar, escuchaba sin demasiada complacencia a los más grandes cantaores antiguos que tuvieron la desgracia de tener que cantar para ellos.

El flamenco a quien le gustaba era al pueblo y a los duques, como ha pasado siempre en España, en donde el pueblo y la aristocracia han estado juntos en todas las artes populares, mientras que los requetecursis enseñaban la marcha de *Aida* a sus niñas y levantaban el dedo meñique al tomarse la tacita de chocolate.

Pues bien, en esa sociedad mezclada que formaba el público hasta hace poco, irrumpieron estos energúmenos fabulosos, que si hubieran tenido letras procaces las hubieran cantado sin duda alguna, espantando damiselas y currutacos, y si no las cantaron fue porque el

---

[4] Matías López se anunciaba con dibujos caricaturescos de una pareja famélica junto a otra obesa, para indicar el «antes» y el «después» de comer sus chocolates. (N. E.).

pueblo, en España y fuera de España, ha sido siempre muy morigerado, y todo lo del sexo lo ha tratado de una manera muy cruda y muy primaria, y la picardía y el perfume y el detalle y la cosilla y la manera, en fin, la sutileza, que es lo que tiene verdadero sexo para un refinado, se le escapaba y la dejaban viva, y solamente los grandes escándalos demostraban quo no se trataba, ni mucho menos, de monjes agustinos ni de hermanas clarisas los que cantaban, sino de gente del bronce, de parralas, de peteneras.

La Parrala era una mujer muy guapa y que cantaba admirablemente. Hasta hace poco ha habido gente que la conoció. Esta mujer, reina de los tablaos en un momento en que las mujeres eran muy recatadas, tenía un sinfín de adoradores, y decidió que en vez de echarse mala fama gratis y en vez de andar llorando desgracias, siendo «la otra, la otra», quería ser «la una, la una», y a todos los adoradores que la perseguían les sacaba el óbolo correspondiente al latazo que le daban o al tiempo que le hacían perder. Ya por fin conoció a un industrial adinerado que presumió de haber hecho su conquista, y esto se paga, y el industrial pagó. Pero es que además a la Parrala le entró la ventolera de contraer matrimonio, detalle con el cual suelen complicar las mujeres de este tipo unas relaciones mucho más fáciles de otro modo. Y entonces el industrial se casó con ella, y la Parrala, una vez que se llamó señora de tal y cual, acabó con la fortuna del industrial y lo dejó en la calle. Un industrial sin fortuna tiene poco interés, sobre todo para la Parrala, y por lo tanto se volvió al tablao a deleitar al público de su época y a otros futuros industriales que la mimaron hasta el último momento de su vida. No sé si le gustaba el vino o no, pero merced a sus admirables dotes de economista y a su belleza y a su talento como cantaora vivió y murió admirablemente. Sirva esto de lección.

A la Petenera, o Paternera, ya se le pusieron las cosas peor, y creo que hubo hasta un crimen por ella.

¡Pero qué divertido es ver a distancia el equipo de nombres y de apodos en cuyas gargantas estaba todo el arte flamenco que irrumpió centre aquella gente tan modosa!

La Vico, la Honrá, la Pitraca, Pepilla la Guarro, María Borrico, la Chorrúa, el Nitri, Fillo, el Porrorro, el Perendénguez, el Paquirri, el Tobalo, el Negro, el Raposo, el Tenazas, la Repollina...

Que nadie pretenda limpiar supuestas manchas. Que nadie pretenda mejorar la cultura ni las maneras de esta pléyade de artistas de la naturaleza. Al flamenco no tocarlo, solamente poner barreras a las falsificaciones, trabas a lo fácil y populachero, dejarlo que sea como un horroroso alarido de amor, o bien la chufla y la alegría del cante de Cádiz, o que se abra este precioso abanico de los verdiales de Málaga, ese abanico romántico que es para mí el emblema de esta provincia y que debía figurar debajo de una niña bonita acicalada para ir a los Verdiales, cuando canta:

En la Cala hay una fiesta,
mi madre me va a llevar,
y como voy tan compuesta
me sacarán a bailar,
con mi par de castañetas.

Flamenco
de papel

(Artículos 1922-1965)

En Granada
Del concurso de «cante jondo»

Terminó el concurso de «cante jondo», que fue un éxito completo. Con él
se ha dado nueva vida a un arte que parecía muerto y se ha marcado la diferen-
cia entre el cante flamenco, malagueñas, granaínas, fandanguillos, etc., y el
jondo, siguiryas, soleares, saetas. Viejas
y otras más.

Se ha fundado la Escuela de «cante
jondo» en Granada, y se anuncia sucur-
sales en Sevilla, Cádiz y Madrid.

En Granada queda de profesor de
la misma, el anciano Diego Bermúdez,
que dio la nota más jonda del «cante
jondo».

Nosotros, al volver entusiasmados
del viaje, cuando intentamos explicar
lo que hemos visto y oído, no acertamos, ¿cómo vamos a describir la emo-

ción que causaban las siguiriyas del
viejo? Una gitana viejísima y arrugada,
al oírle cantar, le decía. A las gitani-
llas:

—Esto es lo que yo os decía que
era el cante, esto es. —Y al decir esto
lloraba.

No acertamos a narrar nuestras impresiones, pues estas son indefinibles:
lo mismo nos ocurrió cuando llegamos
a las torres de la Alhambra. Vimos el
decorado interior, pero enseguida, ins-
tintivamente, nos asomamos al campo.
Y es que la belleza interior está tan re-
lacionada con el paisaje, que viéndolo
de fuera y sintiéndolo de dentro única-
mente es como se aprecia.

Algo de eso también le sucede al
«cante jondo», que es como uno de
esos palacios árabes: ásperos por fuera
y afiligranados en su interior.

Evocamos las dos noches de concurso como dos sueños que quisiéra-
mos volver a sentir. Estaba el paraje
tan saturado de ambiente andaluz, y
fue tan hermosa la fiesta, que no la po-
dremos olvidar.

Las niñas, que solo contaban con
quince días de clase, entusiasmaron a
la concurrencia, cantando por siguri-
yas; la ciega, con esa emoción de los
ciegos cantó livianas, admirablemente;
el sobrino de los Gallos arrebató al público, con sus saetas y el Niño de Lina-

res gustó por su voz; Carmen Salinas, por sus ojos y por su estilo.

El viejo cantó, con la mayor emoción, entre otras coplas, esta, que a todos llamó la atención por su intensidad poética:

«A mi puerta has de llamar,
y no he de salirte á abrir,
y me has de sentir llorar...».

Cuando se retiraba del tablao, los gitanos le besaban.

De los profesionales, destacaron extraordinariamente Manuel Torres, el Huelvano, acompañado por el Niño de Huelva, virtuoso de la guitarra, y Pavón. Eso sin contar al gran Chacón, archivo del cante, pues es el mayor erudito que existe en la materia, el cual, acompañado magistralmente por el renombrado Montoya, cantó soleares y cañas con gran éxito.

Bailó la célebre Macarrona, arquetipo del baile flamenco, y algunas de las gitanas que subieron a bailar la zambra.

Pero repetimos que no podemos dar la impresión exacta de lo que ha sido aquello.

Hablamos con Chacón de la posibilidad de repetir el concurso en Madrid, y nos dijo que estaba seguro de su éxito, toda vez que en la corte existe un gran núcleo de aficionados y de buenos cantaores.

Terminaremos refiriendo un detalle que presenciamos y que pone de relieve la poesía. nativa del pueblo granadino.

En una de las pruebas eliminatorias, en el patio de la Casa de Castril, que es donde se celebraban, charlábamos con el anciano compañero de Silverio, mirábamos con inquietud al cielo, que, encapotado, amenazaba lluvia; en medio de la conversación con el cantaor le pedimos entonase una copla determinada, y él nos complació al momento. Ocurrió entonces que las nubes se alejaron y el sol entró en el patio, y una de las niñas que luego tomaron parte en el concurso, le dijo al viejo:

—Abuelo, en cuanto canta usted sale el sol...

La Época, 24 de junio de 1922

Antonio Mairena

Cuando el cante se va a morir, cuando a los más aficionados comienza a aburrirnos, en ese momento en que encontramos monótonos los mismos tientos que estamos oyendo de Chacón y las alegrías de las acostumbradas fiestas de sociedad, surge de pronto, inesperada y salvadora, una voz que disipa nuestro aburrimiento y que nos confirma que el cante no tiene fondo, que queda siempre un más allá inédito para nosotros y para los mismos profesionales.

En tiempos de Chacón y Manuel Torres llegó, arrastrando sus setenta y dos años, el Tenazas, de Puente Genil, con las cabales de Silverio guardadas en el viejo estuche de su pecho; últimamente el cante de Utrera reclamó su primerísimo puesto con la Bernarda y Fer-

nanda, que no dejaron agostarse el cante
puro por soleares.

> Te tengo *reservaito*
> el hoyito *onde* durmió,
> las horquillas de su pelo
> y el peine que se dejó...

La Paquera, de Jerez, da categoría a
los más baratos fandangos y «suena» por
bulerías que es un primor, pero ahora...

Ahora, señores, está en su apogeo
y en Madrid una de las grandes figuras
del cante: Antonio Mairena.

Mairena sabe todos los cantes como
eran: antes de adulterarse, o sea, como
se cantaban en Triana. Desde la debla
a la bulería, desde la siguiriya a unas
cantiñas de Cádiz que entona después
de las alegrías y antes del mirabrás,
que son una delicia para el oído, pues
saben a nuevo, como sabe lo antiguo
cuando es noble y hermoso.

Cuando canta Mairena, el cuadro
toma la pátina de una vieja litografía;
las bailaoras nos parecen más guapas,
el laberinto que trazan sus manos en el
aire tiene más de conjuro; sus miradas
vienen de más lejos. Si se temía el
tedio, este se ha disipado, y reconoce-
mos, porque los presentía nuestra afición, hasta unos cantes que nunca
hemos oído; mejor dicho, las variantes,
los cambios.

ld a oírle, esperad a que se vayan los Sioux y los Duranton, que tienen que levantarse temprano para trabajar; esperad a que se mueran con el último whisky los conocidos gamberros nacionales, que hablan a voces cuando el artista canta, y entonces, cuando estéis «en familia», pedirle que os «diga» el cante de Triana como era antes de que lo «civilizasen» para traerlo a la capital: a aquel Madrid de hace cuarenta años, que había perdido la noción de su valía.

Oídle saetas por martinetes y martinetes, y los diferentes estilos por siguiriyas, y después de recorrer los cantes mayores, llevadle a esos tientos pausados que nacen al «cansarse» el tango... Esos tientos que no son los de las «rejas de bronce» que venimos oyendo sempiternamente...

Alerta, aficionados, uno de los más grandes cantaores de la época canta en Madrid, no os lo perdáis y escuchadle callandito.

ABC, 16 de marzo de 1958

Cafés de cante

Las Brujas

En estos últimos años han proliferado de una manera asombrosa los tablaos flamencos en Madrid; los cafés de cante del siglo XIX, pero ya reducidos en tamaño y en concurrencia. El whisky ha desplazado al café con copa y las diferentes «colas» a la gaseosa de bolita de antaño. El público es, en parte, aficionado de verdad; otra parte la forman los extranjeros, y el resto, unas cuantas mesas de maleducados que hablan en voz alta sin parar y sin el menor respeto por el artista que canta y por el público que escucha.

No nos quejemos de lo actual, como de costumbre, y evoquemos con nostalgia el pasado, porque cometeríamos un grave error. En España se están cantando ahora con profusión los cantes antiguos, los cantes de Silverio y del Nitri, y de Chacón, y de Manuel Torres, cosa que el público basto del primer cuarto de siglo no aguantaba, ya que prefería la cursilería monótona del fandanguillo y el cante repipi por colombianas y cuplés aflamencados.

Hoy en día en cualquier tablao de estos modernos se oye cantar la siguiriya, la soleá, la caña, el polo, la serrana y otros cantes, tal vez de menor importancia, pero cantes nobles y buenos dentro de la clasificación del flamenco, porque estos cantes de menor importancia, cuando los canta un cantaor de verdad, adquieren toda la categoría de los cantes vernáculos y básicos del flamenco.

Con el baile está sucediendo lo mismo, desde que Pilar López primero y Antonio después incorporaron al baile flamenco cantes que nunca se bailaban, como la siguiriya, la caña, la serrana y el martinete; el repertorio se amplió notablemente, y surgen todos los días grandes bailaoras que, sorteando todos los peligros que las acechan de boda y similares, que terminan por apartarlas del tablao. Llenan de brillo, de lustre y de prestigio el lugar donde actúan.

Dejo para otro día el hablar de los tablaos que, por su veteranía, todo el mundo conoce, como son El Duende,

Los Canasteros, El Corral de la Morería, Villa Rosa y Zambra, y voy a empezar por los menos conocidos; hoy hablaremos de Las Brujas. Ahí se reúne el ramo de mujeres más guapas que jamás se han visto juntas en un mismo tablao.

Allí tenemos esa escultura que es Encarnita Peña, llamada en guasa la Contrahecha, que con Encarnita Llácer, otro monumento nacional, forman los dos sillares de esa hermosura en donde hay desde las bellezas más robustas y al mismo tiempo buenas bailaoras, que haría soñar a Ingres, hasta esa delicada flor de tallo fino que es Mary España, una de las promesas más vivas del momento, que llena de gracia la escena. No recuerdo todos los nombres de este grupo tan perfecto, cada una a su manera a su son y en su escuela. Y luego, y aparte de los «solos» de las ya mencionadas, el baile puro y clásico de Matilde España, baile reposado, sin un asomo de acrobacia, que sabe a bailaora de temple antiguo y a la esencia de la escuela sevillana.

Otra de las figuras principalísimas es Tere Lorca, esta bellísima bailarina, todo fuego, todo picardía, y de una belleza poco común.

Y por fin Tatiana, una fuera de serie, cuyo baile perturba al espectador al contemplar la pasión con que baila

93

Tatiana, la armonía del ondulado de su cuerpo, del juego de surtidores de sus brazos, de la expresión de sus ojos y de la fenomenal tentación de su boca. Tatiana es un monumento al que hay que rendir homenaje, es un caso de personalidad que supera coreografías y escuelas.

El baile flamenco es una explosión de vida interior, una floración en gestos, ademanes y ritmo de unos artistas que se entregan a las volutas de su inspiración, que, aunque siguen una coreografía aprendida, parece a cada momento que la están creando. Yo, tan pronto como veo a una de esas bailaoras que mientras desgrana un insoportable y facilísimo zapateado mira fijamente al público, como diciendo: «Ya ven ustedes, y esto sin manos», me pongo a mirar a otra parte, porque es la demostración de que no está bailando para ella, de que no siente en absoluto el baile, de que está llenando su número con una técnica aprendida en una academia. Y el baile, sobre todo el baile flamenco, es lo otro, esto que hacen Tatiana y sus amigas, que bailan para ellas. La suave ondulación de las caderas de estas bailaoras tiene el valor de los pasos más complicados y mucha más expresividad que los más difíciles «entrechats». Esos brazos y, sobre todo, esas manos, que llevan un baile en sí mismas, unidas a lo del resto del cuerpo, acaban de modelar lo que es la danza.

En Las Brujas vemos bailar un baile de tal categoría que no tenemos más remedio que rendir tributo de pleitesía y admiración. El cuadro de Las Brujas está reforzado por unos buenos guitarristas y con unos cantaores de primer orden. El popular Chato, que es como un pájaro subido a la última rama de su trino, y el Calderas, uno de los grandes cantaores gitanos del momento, cantaor de sonidos negros, de voz antigua, de eco emocionante, el Calderas, que canta los cantes chicos dándoles calidad de cantes grandes, como hace, por ejemplo, con unos tientos del Piyayo, en los que no solamente pone ritmo, voz, sino gusto, un punto delicadísimo que eleva ese tipo de cantes, como decíamos antes, a una categoría superior.

Otro día seguiremos dando cuenta de lo que ocurre en los demás tablaos de Madrid.

Sábado Gráfico, 27 de febrero de 1965

El Duende

En el fondo, los tablaos flamencos es lo que ha venido a sustituir a los teatros de variedades de hace cuarenta años, más localizados en su estilo, más depurados por la competencia y más reducido, por el precio, el auditorio. Tienen, sin embargo, las mismas necesidades que tenían el Romea, el Trianón y el Maravillas, que es la estrella.

Romea tenía a la Argentinita y a Pastora. El Trianón, a Raquel Meller y a Mercedes Seós, y cuando no estaban ellas al final del cartel tenían que buscar dos o tres vicefiguras para que la gente fuera.

En los tablaos pasa lo mismo, y en algunos, fiados del prestigio que ya tienen y que les ha dado una o dos temporadas en que tenían ases de primera magnitud, no se deciden a renovar su elenco y, sobre todo, a pagar los precios que piden las auténticas cabezas de cartel. Y eso a la larga es peligroso, porque cuando la gente se acostumbra a no ir a un sitio de esparcimiento es muy difícil quitarle la idea y convencerle de que los artistas han sido renovados, y de que el programa es otra vez interesante.

Hoy vamos a hablar de El Duende, que ha sido uno de los mejores tablaos de Madrid. El Duende de Pastora y de Gitanillo, acogedor y simpático y por el que todos estos años ha desfilado lo mejor del arte flamenco.

Este año tienen una figura inefable para el aficionado, que es el Terremoto de Jerez. El Terremoto de Jerez es primero una personalidad y, segundo, un cantaor de alto rango. Su cante por soleares y por siguiriyas es de primerísima calidad, así como el martinete. En los cantes chicos, las bulerías, por ejemplo, es muy bueno y canta muy gitano y, sobre todo, al final de estas, sale bailando unos desplantes con tal gracia, con tal ritmo, tan fenomenales, que, si en vez de durar unos segundos durase tres minutos, no habría nadie en el arte que se atreviera a bailar después. El baile de el Terremoto es un monumento, precisamente por no tener él un tipo esbelto de bailarín ni nada que físicamente ayude a su arrancada, es su baile el que tiene esa extraordinaria belleza y ese duende fabuloso y auténtico que nos prende la garganta.

Lástima que su cante por siguiriyas, que su cante por soleares, tenga generalmente un auditorio de gente que parece que va a los sitios de cante solamente para hablar entre ellos de sus cosas. Es pena que esa gente que tienen tanto que decirse no se queda en su casa para ello y solo vaya a escuchar cantar cuando ya se lo han dicho todo. Los extranjeros, como están por lo general mucho mejor educados que los del país, son los que menos ruido arman, pero hay mesas de nacionales verdaderamente inaguantables.

En el cuadro de El Duende está la Cañeta, que canta gitano y que realiza ese milagro tan gracioso de cantar por bulerías lo que le echen, lo mismo un cuplé mexicano que el *Kempis* o el *Quijote*. Ella lo mete todo por bulerías con un salero, un ritmo y una gracia de la más pura esencia gitana.

Hay también una niña, María del Carmen, que, además de ser una preciosidad de mujer, es de esas bailaoras jovencitas que bailan cuando están sentadas viendo bailar o cantar a los demás, o sea, que se le van los pies. El baile «sentado» de María del Carmen es verdaderamente delicioso y tenemos mucha fe en su porvenir.

De vez en cuando, pero no con regularidad, aparece otra figura del baile en El Duende, algunos y algunas que bailan muy bien, pero otros que están atacados por una especie de epidemia que les ha entrado a los flamencos y que hay que denunciar y rechazar para proteger el arte. Una de ellas es las largas secuencias de zapateado, en que el artista mira fijamente al público, demostrando que no siente la menor emoción por su danza, que a lo único que aspira es a que le aplaudan un zapateado más o menos perfecto, pero en ningún caso meritorio, porque el zapateado es exclusivamente escuela y técnica y no es arte. El zapateado sirve a la coreografía y no hay que emplearlo más de lo necesario, pero convertirlo en «trozo de bravura», en número de solista, es completamente ridículo, porque el zapateado lo sabe cualquier practicón que ha estudiado en El Estampío o en sus sucesores. Otro de los vicios es que en cuanto un bailaor o una bailaora están bailando por siguiriyas o por soleares llega un momento en que empiezan un zapateado y hacen que la guitarra se detenga, y entonces nos atizan una lata de diez minutos con el un, dos, tres pausado de los pies, a los que sigue un repiqueteo muy fuerte, que luego se va haciendo muy débil hasta que apenas se oye. En este momento, el artista mira al público como diciendo, según hemos comentado otra vez: «Ya ven ustedes, sin manos», y hacen con los pies un encaje de bolillos horroroso y pesadísimo.

Este es el momento en que el público podría empezar a hablar de sus cosas o tal vez jugar a las cartas hasta que el artista hubiera terminado su tontería.

Este vicio se ha propagado por varios tablaos y es cosa de estos últimos años; espero que la indiferencia del verdadero aficionado compense a los aplausos del turista tonto y dejemos esa cursilería en el olvido.

El Duende, por su clase, por su historia y por su fondo, se repone fácilmente de estos solistas, y de pronto nos sorprende con una nueva figura de calidad para formar, con María del Carmen, la Cañeta y el Terremoto, y con sus buenos guitarristas y cantaores, el cuadro de primer orden que debe ser.

Sábado Gráfico, 3 de marzo de 1965

Los Canasteros

Los Canasteros está siempre lleno. El lugar es propicio; el sitio, amplio; la decoración, graciosa, y, sobre todo esto, la personalidad de Manolo Caracol, que deambula entre el bar y la sala saludando a sus amigos.

El cuadro es muy numeroso, es una verdadera manifestación de gitanos. Los hay de todas las categorías, y algunos, notables.

De pronto, hay una llama viva que va prendiendo fuego a todo el tablao y a todas las mesas por donde pasa; esta llama viva se llama Dolores y es la segunda hija de Caracol. En ella no asoma el gesto dramático de su hermana mayor cuando canta, ni la sonrisa y la guasa de Luisa cuando habla con los amigos. Dolores es un volcán de alegría y una tentación al rojo vivo. Baila con todo el salero requerido y vale la pena ir a verla de vez en cuando.

María Vargas tiene una belleza tranquila y morena y canta admirablemente, canta muy gitano, sin forzarse. Diego Pantoja y Dolores *la Pescaílla* son dos buenísimos bailaores, y, como si fuera poco, Caracol los presenta entre muchas chicas guapas y una superbelleza, llamada Carmen Montiel, que no es pariente de Caracol ni lo es tampoco mía, desgraciadamente, pero que es una criatura de concurso y, como dicen los gitanos, está como para mojar pan.

Un punto negro estropea la fiesta, y es la cursilería de los recitados. Ni el pobre Federico sale beneficiado con ello, ni mucho menos los poslorquianos, tan llenos de lugares comunes, de tópicos tan llorones y sin el sabor ni la sobriedad de Lorca. Estos recitados están fuera de ambiente, por mucho que se bailen por soleares o por siguiriyas, y lo acursilan todo.

VILLA ROSA

VILLA ROSA, el viejo Villa Rosa de la plaza de Santa Ana, volvió abrir sus puertas después de una vasta reforma. Se acabaron los reservados pintorescos de principio de siglo, donde los aficionados se encerraban con su cantaor favorito a oír las dos o tres noches seguidas. Se acabaron las salas para juergas con más gente. Todo eso ha pasado ya, más o menos, a la historia, sobre todo desde que obligan a que las juergas en vez de celebrarse en locales públicos se tengan que llevar a las casas particulares.

¿Cuándo se van a convencer de que la gente no se acuesta a la hora que quiere un señor u otro, sino a la hora que le da la gana y que le permiten sus ocupaciones del día siguiente, y que todo lo que sea poner trabas a esa libertad elemental es solo crear mal ambiente y obligar a la gente a hablar mal de los causantes?

Pues bien, la reforma de Villa Rosa ha consistido en hacer una sala grande, con un tablao muy hermoso. La sala no es típica, sino que parece un restaurante a la francesa; y en las mesas se puede comer, cosa que a mí me parece horrible, porque es una falta de respeto y una ordinariez hacia los artistas. Ya sé que se hace en todas partes del mundo, pero me sigue pareciendo una grosería el comer mientras otros trabajan, el hacer ruido con los cuchillos y con los vasos cuando se quiere oír un cante o una música. Por lo menos no debían de servir comidas en las dos primeras filas que hay junto al escenario.

En Villa Rosa ha aparecido en Madrid una bailarina, María Angélica, que se nos había perdido en el Cercano Oriente y en la misma Australia, una bailarina de recitales, que ha llevado las danzas españolas por diferentes continentes y que baila bien, con mucha pasión y mucha fuerza. María Angélica nos baila en Villa Rosa exclusivamente flamenco, pero tal vez un día incorpore a su repertorio las danzas de harén que aprendió en Arabia y que sabemos que domina.

Hay en Villa Rosa dos cantaores de primera fila: Jarrito, cantaor muy *perfilao* y que todos los aficionados conocen, y Manolo Vargas, de Cádiz, cuyo cante recortado por alegrías y mirabrás, por romeras y tanguillos, tiene un sello único. Hay una chiquilla muy bonita que se llama María Luisa, y el resto del conjunto es aceptable.

EL CORRAL DE LA MORERÍA

EL CORRAL de la Morería es uno de los tablaos más cómodos de Madrid. También se come en él y también molesta el ruido de los comensales. Menos mal que cuando salen las figuras ya están en el café. Repito mi opinión de que en las filas que rodean el tablao no debían servir comidas, porque es una falta de atención para los artistas, es difícil cantar o bailar entregándose al arte si hay una señora poniéndose nueva de patatas fritas a los pies del artista.

La gran estrella del Corral sigue siendo esa encantadora mujer llamada Lucero Tena, que con su gracia alada y con su dedicacion total al baile y a la danza ha hecho de ella un personaje de primera importancia en el flamenco de hoy en día.

Sus castañuelas son realmente una orquesta; su «gusto» al tocarlas, exquisito, y su frágil belleza y su tremendo dinamismo le han conquistado el alto puesto que hoy tiene. A mí lo que más me gusta de su repertorio es una rumba fascinadora a la que le echa mucho *sex-appeal*, y que Dios se lo conserve.

Sábado Gráfico, 13 de marzo de 1965

Zambra

HEMOS DEJADO para el final de estas crónicas el primer tablao que se abrió en Madrid en esta nueva época de afición por el flamenco, y que fue Zambra; estratégicamente situada frente a los dos grandes hoteles del centro, el Ritz y el Palace, tenía que atraer, como es natural, una clientela principalmente extranjera, y si la dirección hubiera estado en otras manos hubiéramos visto una lamentable españolada y una grotesca deformación de este arte tan propenso a ello y tan maltratado por cursis facilones y por desaprensivos.

Afortunadamente, la dirección de Zambra fue desde el primer momento inteligentísima, entendida y respetuosa con lo que de bello hay en el flamenco, y en ningún momento se ha dejado llevar por caminos decadentes y de efecto superficial. Todo ello ha contribuido a la seriedad de su espectáculo y allí se reúne el público mejor educado que he visto jamás, no ya en un espectáculo de flamenco, sino en cualquier género de espectáculos de España; un público, la mayoría formado por extranjeros y que imponen su educación a los que no la tienen, que va a escuchar el cante y a ver el baile, y no a estar diciendo gracias y haciendo ruido mientras el artista baila o canta o mientras el guitarrista trenza sus trinos melódicos más sutiles. El público de Zambra no es frío por estar bien educado, sino respetuoso con el artista, como debe ser, y al final de los números aplauden con más o menos entusiasmo, según le hayan complacido más o menos.

Hoy en día el conocimiento del flamenco se está extendiendo mucho, ya hay libros y tratados excelentes escritos en francés y en inglés, y dentro de nada habrá un público anglosajón que sabrá de flamenco más que la mayor parte de los españoles, que siguen aferrados a la espantosa cursilería del fandanguillo, con su gargarismo ridículo y afeminado y con sus letras melodramáticas y de una cursilería inaceptable.

En Zambra hay un cuadro de cantaores de primer orden. Tal vez vayan bajando poco a poco de facultades por la edad, pero hoy están en la plenitud de su voz y cantan cante bueno. Está el Pericón de Cádiz, que canta pausadamente y a la manera de Aurelio unas alegrías espléndidas, a las que suceden unas romeras preciosas y muy poco oídas, para volver luego a terminar el cante por alegrías. Canalejas canta muy bien sus tarantos y Barea su cante por malagueñas de Juan Breva, y Rafael Romero, con su gran estampa, hace un cambio por siguiriyas extraordinario, metiéndole las letras de las cabales de Silverio.

Luego en el cuadro aparece ese gran cantaor que es el Culata, con su estilo de viejo maestro. Los guitarristas son buenos, y no dejamos de oír con emoción al hijo del viejo camarada desaparecido, Perico *el del Lunar*, que ha superado incluso técnicamente a su padre.

El cuadro es ya otra cosa. Está compuesto por unas opulentas granaínas vestidas de gitanas, que cantan con ese ritmo *gachó* propio de la tierra donde se han formado. Muguet y Albaicín, aquella fenomenal pareja de nuestra posguerra, siguen su combate de gallos en escena con salero y gracia, dentro de la madurez inevitable de los cuerpos.

El día que fuimos estaba enferma Rosita Durán, gran maestra del baile a la que todos conocemos y cuyo elogio no hace falta repetir. Vale la pena ir a Zambra por la pureza del espectáculo.

TORRES BERMEJAS

EN TORRES BERMEJAS hay como un compás de espera. Faltan figuras. Está la deliciosa Tati, luchando con unas soleares cantadas por un joven que se expresa en un idioma totalmente desconocido y del cual no se entiende una sola palabra. La Tati le echa mucho valor y suponemos que no intenta comprender lo que le dice el cantaor, por mucho que le grite al oído; debe ser un dialecto sudanés. Ahora, los trozos de «bravura» de la Tati son y han sido siempre las bulerías, que baila francamente bien. Estos días ha habido mucho trasiego y Teo *la Cascabel*, que actuaba allí, se ha pasado a las Cuevas de Nerja.

LAS CUEVAS DE NERJA

LAS CUEVAS de Nerja, el antiguo Rex, se ha atrevido a presentar este año un espectáculo curioso y divertido, que es un grupo de encantadores abuelos y abuelas, que cantan y, sobre todo, bailan a la manera de «las antiguas», antes de que Pastora inventara el subir los brazos al alto. Estas viejecitas, alegres y divertidas, forman un conjunto muy simpático. Es lástima que las hayan vestido a la moderna, con batas lisas. Debían de haberlas dejado vestir de su época, batas de cola con muchos lunares y, sobre todo, con muchas flores y muchas cintas, y muchos encajes. Estos trajes modernos lisos no les van nada.

En Las Cuevas de Nerja hay, como es natural, una atracción joven, que a veces ha sido Malena Loreto y hoy es María Rosa, una estupenda bailaora llena de atractivo y de una autenticidad purísima; da gusto ver bailar a esta muchacha, tan genuina y sincera en su baile, y ahora la sustituye, como hemos dicho antes, Teo *la Cascabel*, y yo quiero llamar la atención sobre esta bailaora, a la que no se le ha dado todavía la importancia debida. Esta muchacha, que ha estado mucho tiempo de instructora con el admirable maestro Marín, tiene una clara técnica superior a lo normal, y le echa un temperamento a sus bailes, especialmente a las soleares, que hace que su número sea de primerísima clase. Es una gran bailaora y hay que contar siempre con ella en el elenco ideal que se podría hacer del género.

El extraordinario Beni de Cádiz, que había cantado últimamente en Las Cuevas, ahora se ha pasado a Las Brujas, donde está cantando como nunca, con una voz que, a pesar de una tremenda potencia y de una limpieza extraordinaria, no deja de tener su son y su eco flamencos. Ahora canta por siguiriyas y por soleares con tal emoción que pone la carne de gallina y lanza a las bailaoras, que le bailan sus cantes de una manera prodigiosa, y Tere Lorca se supera en sus siguiriyas, y la fabulosa Tatiana le baila unas soleares de antología.

FINAL

EL ARTE FLAMENCO está en pleno auge. Yo quisiera pedir a los cantaores que no colaboren en la propagación del virus del facilón e insoportable fandanguillo, que, cantado alguna vez y con mucho esmero, puede caer bien, pero disparado en serie es aburrido y monótono, fácil, falso y representante de lo que fue el flamenco en la época de su decadencia, cuando solamente el fandanguillo, la colombiana y otros subgéneros habían sustituido al buen cante. Que dejen eso para los mediocres, pero que los superdotados nos regalen más, no solo con la siguiriya y el polo, y la caña, y la soleá, y la serrana, sino con otros cantes tal vez menores, cantes no jondos, sino incluidos en el capítulo de los cantes flamencos, pero que tienen muchísima más categoría y más calidad que esos subgéneros: los cantes de Levante, las malagueñas, la jabera, los cantes de trilla y toda la gama de las bulerías, las de Triana y las de Utrera. Estos son también cantes fáciles, pero mucho más bellos y mucho más flamencos que el sempiterno melodrama, llorón y ridículo, de los amanerados fandanguillos.

Sábado Gráfico, 27 de marzo de 1965

Baile español

MUCHO HABLAMOS todos de flamenco en estos tiempos. Hay un evidente renacimiento en el género. El flamenco se ha universalizado, se escriben libros técnicos bastante buenos en Francia, en los Estados Unidos, y hasta se incorporan a la grey de la guitarra muchachos de Minneápolis, como D.E. Pohren[1], que aprendió los toques grandes y se quedó a vivir en Sevilla y hasta escribe un libro bien documentado.

Al flamenco le hubiera hecho falta en sus albores que hubiese habido gentes de pluma que se hubieran tomado la molestia de escribir sobre él, de decirnos cómo eran los cantes de entonces, sus letras y sus artistas. A todos los que hemos trabajado sobre la historia del flamenco nos han faltado bibliografías; la que hay, de épocas remotas, es

---

[1] Guitarrista y flamencólogo estadounidense (1927-2007), también conocido como Daniel Maravilla en los círculos flamencos.

escasa y de mala calidad; todo lo más pequeñas biografías de artistas o colecciones de coplas, pero es poco.

En los últimos cuarenta años ha ido dando su fruto el famoso concurso de Falla de 1922, y se ha escrito mucho y bien sobre el tema. En estos últimos años, y coincidiendo con los concursos de flamenco y con la boga del género en Europa y en América, se han incrementado los trabajos sobre él, y salen continuamente volúmenes del mayor interés. Cantaores, ya maduros, pero con inteligencia y cultura, como Antonio Mairena, escriben libros que son documentación inapreciable. Cantaores como Almadén han rebuscado de viva voz datos, nombres y estilos, y es de esperar que un día también los escriba para que queden.

De lo que se habla menos es del baile, y es que el baile es mucho más difícil de tratar por estar unido tanto al que lo ejecuta que resulta difícil separar el género y el artista. Y, sin embargo, nombres gloriosos van jalonando esta historia, que no puede ser escrita, como no lo puede ser la faena de los grandes matadores. Hay que ver, recordar, contar, cada uno a su manera, lo que ha visto, y al cabo de los años resulta difícil decirle a los jóvenes porqué la faena que le hizo Belmonte a un toro de Concha y Sierra en la Plaza de

Madrid en 1917 fue la mejor faena que uno ha visto en toda su vida, o cómo fue la tarde del «pintobarreiros» de Manolete, o la del «pablorromero» de Antonio Ordóñez en Málaga...

No vimos a la Mejorana, madre de Pastora, aunque sabemos que fue una gran bailaora. En cambio, hemos visto a la Macarrona y a la Malena. La Macarrona tenía muchísima más categoría, clase y calidad.

Hemos visto bailar a la Argentina y a la Argentinita, y a toda esa pléyade de bailaoras que tuvieron la desgracia de llegar a su cumbre en plena época del cuplé, cuando existía un público mezquino y cursilón, zafio y de tercera división, que no aguantaba ver bailes si no se entremezclaban con cuplés hablando del polichinela o cursis melodramas como fueron la mayoría de los cuplés, y que, como en uno de ellos, se los ha llevado el «agua que va río abajo y arriba no ha de volver».

Ya en la segunda parte de los años treinta sucedían cosas en el ballet español, y el primer aldabonazo lo dio la Argentinita con sus *Calles de Cádiz*, y después de nuestra guerra Pilar López inauguró lo que podríamos llamar la gran época del baile español, presentándose en 1945 con aquel deslumbrador espectáculo que había de inspirar a todos los demás artistas del género y había de ser una escuela de bailarines profesionales en número y calidad desconocidos en España hasta el momento.

El baile de academia, de escuela, es necesario, pero, claro, no basta, como no basta a un pintor saber combinar los colores, saber mezclarlos en la paleta y sacar un parecido en el dibujo, como no es suficiente a un pianista el interpretar una partitura con una perfección mecánica y técnica irreprochables. Hace falta algo más para que esto sea un arte, hace falta la inspiración en el pintor y en el músico, y también en la bailarina.

Y el baile español, tan rico en coreografía, tan variado en sus dos escuelas, la bolera y la de percusión, ha visto venir a él en estos últimos tiempos una serie de artistas maravillosamente preparados, con una coreografía extraordinaria, pero no todos tenían el genio que se precisa para ser figura.

El baile español tiene una cualidad diferente a los demás bailes del mundo, y es que tanta importancia como puedan tener los pies y la actitud del cuerpo la tiene ese otro baile misterioso, cabalístico y genial que forman los brazos de la bailaora, ese lenguaje bellísimo que van diciendo las manos y los dedos de la mujer que, inspirada, se permite el lujo de superar lo aprendido, de saltar sobre el pentagrama y sobre la coreografía y entregarse, siempre sobre una base técnica, a una especie de improvisación y de «cantata», con los brazos, con las manos y con los dedos.

Esto no se aprende, esto lo lleva la artista consigo, y en muchas de ellas, como en Pilar, por ejemplo, llega a extremos impresionantes.

Ilustramos este artículo[2] con el más reciente descubrimiento del baile andaluz, con esta extraordinaria Tatiana, que no más empezar a bailar se entrega con interés a la danza y «canta» su baile con los versos primorosos de las manos más extraordinarias que hemos visto jamás en el tablao.

Decía Antón Dolin[3] que la riqueza coreográfica de cada baile español es de tal envergadura que se podrían montar tres ballets, de escuela rusa o italiana. Si se fija uno bien se comprende que es cierto, sobre todo ahora, que se han incorporado al baile flamenco estilos que antes solamente se cantaban como flamenco, como son el martinete, la siguiriya, el polo, la caña y la serrana.

En Madrid hemos pasado de no tener ningún tablao flamenco a tener ocho de mayor cuantía. En todos ellos

[2] La página original de *ABC* lleva una foto de Juan Gyenes de Tatiana Reyna, bailaora venezolana que hizo carrera en España.

[3] Nombre artístico del bailarín y coreógrafo inglés Sydney Francis Patrick Healey-Kay (1904-1983), que en los años veinte formó parte de los Ballets Russes de Serguéi Diáguilev.

hay un trasiego de las más grandes figuras de la época.

Hoy bailan en Madrid nuestras mejores bailaoras, que van trenzando en el aire de la capital, con sus pies y con sus maravillosos brazos, la historia de un arte que ayer era el grito sordo de un pueblo que no tenía mejor forma de expresión, y que hoy ya ha tomado categoría universal.

ABC, 27 de marzo de 1965

¿Dónde va el nombre del artista?[1]

[*En un papel con el membrete del Hotel Crillon (Plaza de España, Madrid) y escrito a mano*]

Madrid 14 junio 1952
Sr. D. Antonio Ruiz Soler
Madrid

Querido amigo. Su confirmación de nuestras conversaciones queda convertida en participación en mi película *Duende y misterio del flamenco* (título provisional) en las siguientes condiciones:

---

[1] David Calzado, comisario junto a Teo Sánchez de la exposición «Flamenco Chipén» (El Águila, febrero-marzo de 2024), rescató el contrato entre Neville y Antonio, y nos puso sobre la pista de la correspondencia que aquí se reproduce, que está en el Fondo Antonio Ruiz Soler del Archivo Regional de la Comunidad de Madrid (referencia: 99514/0026).

1º Usted bailará dos obras que serán
    algunas sonatas del padre Antonio
    Soler y un baile flamenco que pue-
    den ser martinetes o serranas.

2º Para efectuar la toma de sonido de
    los dos números se presentará usted
    en Madrid en este mes de junio,
    efectuándose el rodaje desde esa
    fecha hasta antes del final de julio
    próximo.

3º Por su participación en la película
    recibirá usted la cantidad de 25.000
    pesetas (veinte cinco mil) conside-
    rándose totalmente pagado con ello.

    El pago se efectuará en dos pla-
    zos, el primero al impresionar la
    música y el resto al terminar su ac-
    tuación.

4º Yo me comprometo en anunciar su
    nombre en los mayores titulares de
    artistas mencionando en ellos «Con
    el concurso de Antonio» inmediata-
    mente después del título de la obra,
    sin que otro nombre de artista le
    preceda.

Te ruego firmes tu conformidad más
abajo y quedo de vd. [...]

Madrid 20 junio 1952
Sr. Don Edgar Neville
Madrid

Muy señor mío:

Después de nuestras conversaciones, el contrato firmado días pasados, para mi participación en su producción *Duende y misterio del flamenco*, queda modificado el artículo referente a la aparición de mi nombre en los titulares del film «con la colaboración especial de Antonio» que aparecerá en un solo fotograma y precisamente el último de todos los titulares.

Rogándole su conformidad a lo que en la presente le manifiesto, quedo suyo affmo. y s.s.

q. a. l. s.

Firmado: ANTONIO RUIZ SOLER

Conforme

Firmado: EDGAR NEVILLE

*[En papel con membrete Cesáreo
González. Producciones cinemato-
gráficas. Av. José Antonio, 66. Ma-
drid]*.

Madrid, 20 de junio de 1952
Sr. Don Antonio Ruiz Soler
Madrid

Mi querido amigo:
En confirmación de lo que hemos
hablado, en tu participación en la película dirigida por Edgar Neville, y titu-
lada *Duende y misterio del flamenco*,
sirva la presente para comunicarte que
la propaganda de tu nombre en la misma
será, cuando menos, cuatro veces más
que cualquier otro artista que intervenga
en la misma.
Como siempre recibe un fuerte
abrazo de tu buen amigo,

Firmado: CESÁREO GONZÁLEZ

[En un papel con una viñeta arriba
a la izquierda con varios motivos: un
balcón, una silueta de iglesia, una
fachada y un muro descascarillado
sobre el que está escrito «Neville» a
modo de grafiti: La dirección: Ave-
nida de la Moncloa, 15].

Madrid, 26 de junio de 1952
Sr. D. Antonio Ruiz
Hotel Crillon
Madrid

Mi querido amigo:

Confirmando nuestras conversaciones sobre cómo ha de aparecer tu nombre en la publicidad de la película, te
escribo estas líneas para comunicarte
que no figurará ningún otro nombre de
artista por encima del tuyo, en toda esa
publicidad que pudiéramos llamar mu-
ral —y en toda la publicidad—. En
cuanto a los letreros de la película quedan tal y como se convino en nuestra
carta anterior.

Aprovecho la ocasión para saludarte
atentamente

Fdo.: EDGAR NEVILLE

Madrid, 9 de septiembre [de 1953]
Ruiz de Alarcón, 21
Madrid
Suevia Films
Cesáreo González
Av. José Antonio 66
Madrid

Muy señor mío:

Al regresar de San Sebastián, donde inauguré la Quincena Musical de esta ciudad, encontré publicidad de la película *Duende y misterio del flamenco* que me han mandado desde América del Sur.

Veo, con gran disgusto, que Vds. no han cumplido con la cláusula del contrato firmado conmigo, referente al sitio que debe ocupar mi nombre en la película.

Espero una inmediata rectificación de su parte, pero, por más rápida que sea, quiero que comprendan Vds. el perjuicio que me han ocasionado con su inadmisible negligencia y falta de cuidado. Sin ir más lejos, en la misma ciudad de Buenos Aires, se estuvo exhibiendo esta película en 4 cines al mismo tiempo.

Siendo este, el segundo caso de negligencia que advierto por parte suya, les notifico que la próxima vez, obraré sin previo aviso.

P.P. ANTONIO

[*En papel con membrete de Cesáreo González. Produciones cinemtográficas*]

12 septiembre 1953
ANTONIO
Ruiz de Alarcón, 21

Muy Sr. nuestros:

Acusamos recibo de su atenta carta del 9 actual, de cuyo contenido tomamos muy buena nota, haciéndonos cargo de sus razones, aunque ya nosotros hemos escrito a Buenos Aires con fecha 13 de agosto del presente año, pues tuvimos conocimiento, a su debido tiempo, del incumplimiento de nuestras instrucciones en lo que se refiere a la colocación de su respetable nombre en la publicidad de la película *Duende y misterio del flamenco*.

Con esta fecha pasamos nuevamente instrucciones a todos nuestros clientes, confiando en que no volverá a repetirse el caso que nos ocupa.

Puede estar seguro de que tenemos especial interés en cumplir sus justos deseos y que pondremos de nuestra parte todo cuanto sea preciso en atenderle.

Aprovechamos esta ocasión para reiterarnos a sus gratas órdenes, saludándole con toda deferencia.

Firmado: ÁNGEL CANCELA FERRO

Esta primera edición
en REINO DE CORDELIA de
FLAMENVO Y CANTE JONDO
se acabó de imprimir
en el invierno
de 2026

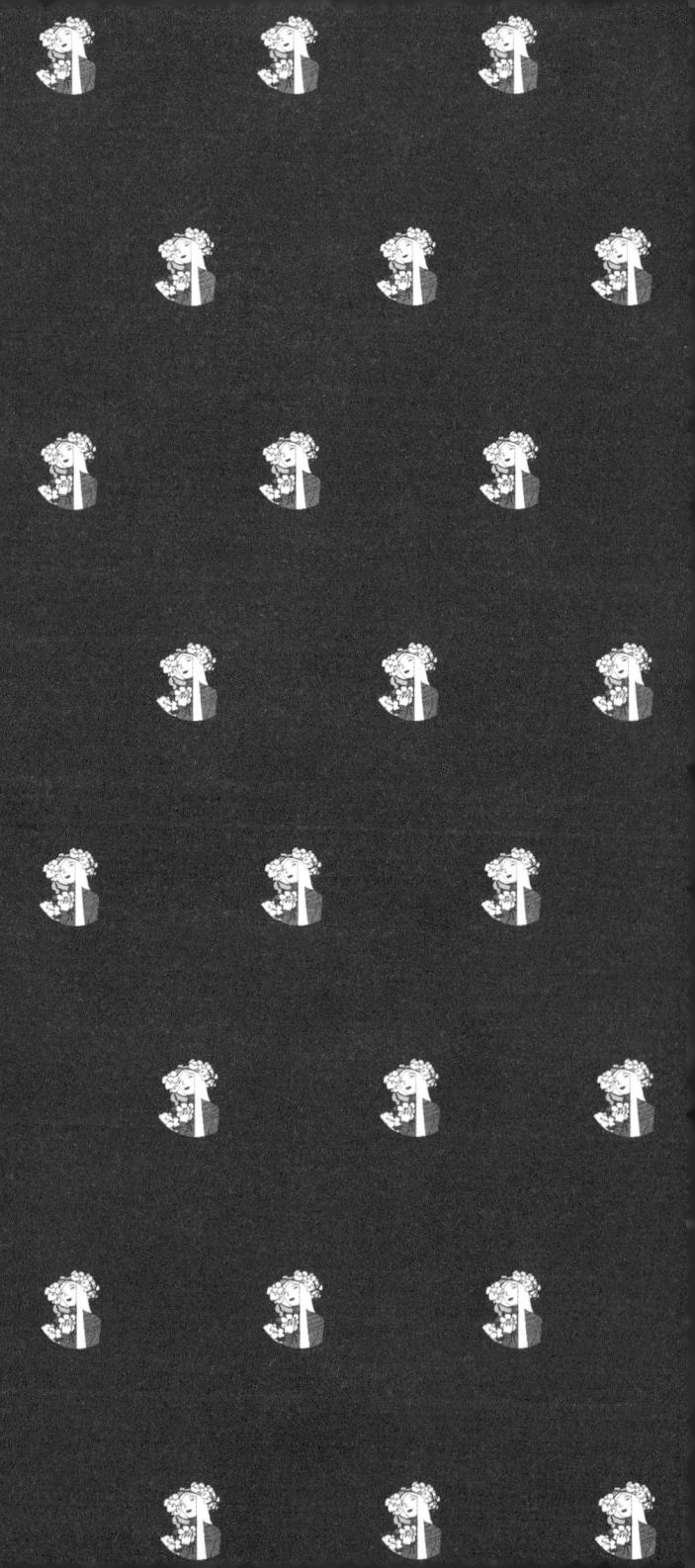